小学一年学級経営
教師であることを畏れつつ

学芸みらい教育新書 8

向山洋一

Mukoyama Yoichi

学芸みらい社

まえがき

一年生の担任は教師冥利に尽きる至福の状態といえる。

実は私は担任するまでは心配であった。果たして私で大丈夫なのかと。もちろん先輩にも様々尋ねたり、自分なりにも精一杯勉強したりしてみた。

結局、一年生担任をしてみて、本当によかった、というのが今も変わらぬ実感である。しかもその当時の同僚が小方・西川の両先生であったことも幸運であった。同じ志をもち、理解し合える仲間で学年の教育に取り組んでいけたからである。学年が同じ志をもち、理解し合う時、極めて大きな教育力をもつことは疑いようのない事実である。

入学後、最初の授業で、自分の名前を書かせた。細長い画用紙に大きく名前を書かせ、次の時間には、絵を描かせた。

その後、私は転勤したが、それを大切に保管しておいた。

担任した一年生の子供たちが卒業の時、一人一人に返してあげた。こうした実践は多くの教師が経験していると思うが、一年生担任として、大切な心構えである。

一年生担任とは、実に素晴らしいものであり、また怖いものである、ともいえる。

青年教師、とりわけ男の教師の場合、初めての卒業生を送り出した時の感動を覚えている方が多いのではないだろうか。もちろん、女性は感動を覚えないというわけではない。

どちらかというと、卒業生を送り出す若い男性教師が、こらえきれなくなって泣いてしまった場面を何度も目にしたからである。

教え子を送り出すのは、確かに劇的な場面であることが多い。

一年生担任には、それほどの場面はない。

しかし、「子供はなんと素晴らしいのだろう」「人間とは何といいものなのだろう」という、まったく別の感激をもつことができるのだ。しかも、一年間を通して、何回も何回もそうした感激を味わえる機会がある。

世の中の青年教師の中には、とくに男の教師の場合は「高学年担任」を心ひそかに誇りにしている方もいるようだが、これは実に気の毒な考え方である。私も、初めて一年生を担任するまでは、そのような思いを抱いていた時期もあったかもしれない。

しかし、小学校教師は一年生を担任してようやく一人前である、といえる。卒業生を送り出すあの感激とともに、一年生が見せてくれる人間としての素晴らしさを味わってこそ一人前であると、私も断言できるようになった。これも、担任した一年生の子供たちのおかげである。

一年生の心は、ほんとうに純真である。

一年生は神様みたいなものである。

だからこそ、一年生を迎える教師はそれなりの心構えと準備、そして覚悟が必要なのだ。

子供たちを心から温かく包み込む、否、包み続けなければならない。間違っても、一年生を怒鳴ったりしてはいけない。怒鳴っては一年生がかわいそうだ。

本書には、私が一年生を担任した時の、慄きと驚きを率直に綴った。当時の子供たちと保護者とは、その後もずっと大の仲良しでいたことが何よりもうれしい思い出である。

目次

第1章

一年生を迎える準備

1　同僚に聞く

教師になって一六年目にして、私は初めて一年生の担任をした。

実は、私には低学年を担任するのに、かなり致命的な欠点があった。それは、私が「音痴」であるということである。歌の程度を、寿司のように特上・上・中・並とランク分けすると、私は当然最下位並みのランクに入る。並のランクでも申し訳ないほどで、並の最下方にぶら下がっているという状態である。もちろん、今までも音楽の授業をやったことがあるし、合唱の指導をしたこともある。校内のコンクールで、連続優勝をするという輝かしい経歴もある。

が、それはすべて、子供たちに基礎があったからのことであって、基礎を、私が教えることになったらどうなるのかそらおそろしい気がしたものである。当時の私の状態は、それまでの学校生活の中では上層部にも分かっていて、世間もみんな認めていて「高学年しかできない先生」ということが定着していた。

それが、一年生の担任である。これで、私もやっと人並みの教師になれるのかと嬉しくもあったが、おそろしくもあった。時たま、補教に行った時の一年生の教室は、にぎやかで、様々な個性があり、騒々しく、子供たちが宇宙人のように感じられた。

ところが、今度は、私が宇宙人のボスになるのである。心配のあまり、一年生担任のベテランに、一年生担任の極意・秘伝を聞いてまわった。ところが、そんなうまいものは世の中にないそうで、心構えだけをあれこれ言われた。

あれこれ、ずいぶん心構えを言われたが、私流にまとめてみると、「大丈夫、何とかなる」ということになった。これで、少し安心した。同僚の面々は、日ごろ、私から授業・研究などであれこれ言われていたものだから、「この時」とばかり、悪口雑言・批評・批難を投げかけてきた。

一言半句が胸に突き刺さり、痛い思いをしたものだが、一夜経つと、すべて「あれは、私に対するはげましの言葉なのだ」と思えてきた。そこで、酒席で語られた悪口雑言を、はげまし表現に整理すると、次のようになる。

1　早口でわかりにくいので、一年生相手にはゆっくりと話すとよい。

2　板書をていねいにしないと一年生には混乱が起きるのでていねいに。

3　音楽の授業のために十分な準備が必要である。

4　体の大きさを考慮して、子供の目線に合わせて話をする。

5　子供に向き合う時は、表情にも気をつける。

どうやら、私は一年生担任のイメージにはほど遠いらしい。他人が思っている以上に、本人の私にもそう思えてきた。同僚の話を聞くにつけ前途不安、お先真っ暗になった。

2　学年経営方針の基礎を考える

一年生を迎える私の準備は、次のようであった。

一九八三年　三月二五日　学年会を進める。

卒業式も終了し、最後の職員打ち合わせ会で、新年度の担任が発表された。私(三九歳)、小方シズエ先生(五二歳)、西川満智子先生(三八歳)である。第一回の学年会を四月四日一〇時から四時までに決めた。

三月二六日　「一年生」について勉強する。

さっそく『小学校一年生一学期』『シュタイナー学校』はじめ、一〇冊ほどの関係図書を購入した。一年生の初めのテーマは何か？　入門期の子供たちに必要なことは、次のことだけでよい。

学校が楽しい

3　教室で一年生のことを考える

四月四日　出勤した。早速、新しく入る教室に行ってみる。何もないガランとした教室である。廊下側の向かいにトイレがあるため、廊下側に窓がない。暗い感じがする。窓側に机を寄せて並ばせなくてはだめだろう。

いろいろな物の高さが気になった。測ってみる。

鏡…………床上一メートル五センチの所に鏡の最下部がある。手元の資料で見ると、新入生のうち六名が一メートル一〇センチ以下の身長である。一メートル二〇センチを超える子は一名しかいない。この鏡は、一体、誰が使うのか？

ロッカー……教室のうしろに、木で作った三段の児童用ロッカーがある。その上は棚になっている。本とか、鉛筆削りなどを置くのだろう。しかし、一メートル一〇センチ以下の子が、どうやって一メートルの棚の上にある用具を使うのか？

変だと思って、一組・二組の教室を調べた。こちらは新館である。ロッカーの高さは、八六センチであった。これは納得できる。一階の教室だから、どちらも低学年用だろう。一メートルのロッカーの高さは解しかねる。

窓…………校庭側の窓の下端の高さは一メートルである。子供が立っても外が見えない。外は見えなくてもいいのか？

貼示用壁面…下端の高さ八〇センチ。ここに図画などの作品を貼示する。しかし、この高さでは高い。子供は上を見上げるようになる。おかしい。再び、一組・二組の貼示用壁面の高さを調べる。案の定、五三センチである。これなら分かる。

八〇センチでは、「誰が壁に貼った絵を見るのか」を考慮してないと考えざるをえない。

黒板………下端の高さ八〇センチである。これは妥当なところであろう。

背面黒板……下端の高さ一メートル五センチ。この黒板は何のためにあるのか？　子供が書くことは不可能だ。黒板の前にロッカーが張り出している。

スクリーン…下端の高さ一メートル。妥当だろう。

ＴＶ台………高さ一メートル五センチ。こんなものなのか。

教室の電灯のスイッチ……高さ一メートル四〇センチ。「子供はスイッチにさわるな」

ということらしい。

それにしても、次の高さを整合的に説明するためには、どういう理屈をこじつければいいのか？

黒板…………（三組）八〇センチ　（一・二組）九二センチ

貼示用壁面…（三組）八〇センチ　（一・二組）五三センチ

貼示用壁面には子供の作品を貼る。一・二組の五三センチの高さが妥当だろう。三組の八〇センチは一年生には高すぎる。

しかし、黒板の高さは、三組の八〇センチがよい。一・二組の九二センチは少し高い。

いったい、この組み合わせは、どうやってできたのか？

4　前々日、前日準備

四月四日　一〇時から、学年会を行った。この日の仕事は次のとおりであった。

1　名簿作り
2　「名札」書き
3　児童ゴム印を分ける
4　配布物の確認　①算数セット　②帽子　③教科書　④お祝品
5　学年便りの作成（入学後三日間の予定・持ち物、担任挨拶）週三回発行（通年）
6　四月六日の入学式の流れの確認
　八：三〇　職員会議――九：〇〇　始業式――一〇：〇〇　入学式――
　一〇：四五　教室へ（トイレ・おはなし・持ち物・親への連絡）――一一：一〇　記念写真、
　サヨウナラ
　★子供を移動させる時は必ず手をつながせること。
7　仕事の担当
　会計……西川　国語……西川　図工……小方　研究……向山

理科……小方　道徳……向山　学芸会……小方　社会……向山
生活指導……向山　運動会……西川　体育……西川　特別活動……西川
算数……向山　音楽……小方　保健指導……小方

8　遠足の計画
日時……五月一七日
行先……砧緑地　方法……路線バス二台をチャーター
（往は一組を二つに、復は二組を二つに分ける）

9　給食の予定
牛乳……四月一六日より　普通……五月一日より

10　第一回保護者会の準備
・最初の絵、最初の文字（自分の名前）を教室に貼っておく。
・諸連絡の内容

四月五日　前日準備は計画どおりすすんだ。

1　職員打ち合わせ会（九：〇〇〜九：四〇）
(1)　転任・新任教職員紹介
(2)　打ち合わせ会

(3) 教員室座席移動　(4) ロッカー・靴箱入れ替え

2 分担作業（補助児童六年）（九：四〇～一一：三〇）

(1) 各教室物品移動　(2) 一年教室掃除（主事）

(3) 一年教室設営（全員）　(4) 入学式場設営（全員）

(5) 各教室机・椅子調整

3 打ち合わせ（一一：三五～一二：〇〇）

(1) 作業結果の確認　(2) その他

4 企画委員会（一：〇〇～二：〇〇）

5 学年会（二：〇〇～）

5　心配で寝つかれなかった入学式前夜

入学式前夜、私は心配で寝つかれなかった。

入学式のことが目に浮かぶ。いや、入学式はいい。形どおりにサラサラと流れて、終わりになるだろう。新入生の保護者にとっては、大きな感動の場だろうが、私は毎年経験してきたことだ。

担任紹介で名前を呼ばれたら「はい」と大きな声で返事をして、子供たちの前に、ニコヤカに立てばいい。

問題なのは、教室へ連れて行ってからだ。子供たちに二五分ほどの指導をする。保護者へ、今後のことなどを五分ほどで話をする。保護者への話はいい。そんなのはどうにかなる。

問題は、二五分ほどの子供たちへの指導なのだ。これが気にかかって寝つかれなかったのである。二〇年近くも教師をやっているベテラン教師が、わずか二五分間の指導が気にかかって、寝ることができなかったのである。

もっとも、こんなことは今までに何回かあった。新卒のころ、初めて、朝礼台の上で注意事項の話をする時もそうだった。教師一〇年目、障害児をもつことになった始業式の前日も同じだった。胃が痛くなるような緊張を覚え、頭が冴えてきて寝つかれなかった。反対に研究授業、公開発表などの前日は、グッスリと眠ることができた。「研究授業」が失敗すれば、私だけが批判されればいい。傷つくのは私だけである。そんな時なら、私は安心して眠ることができた。

しかし、障害児を担任する時のように、初めの出会いがかなりの比重をもつ場合は、子供の方が何らかの被害を受ける。絶対に失敗はできないことだった。たとえ話としてはおこがましいのだが、オリンピックの決勝に臨むような心境もこうなのだろう。そんな時、私は目が冴え、何度も予定を頭の中で描き、次々と展開を想像するのである。

その時、一応、決めてあった予定は次のようなことであった。

一〇：三〇　式場を出る。
一〇：三五　席にすわらせた後、トイレへ行かせる。
一〇：四〇　話をする。
①先生は待っていたということ。全員と握手。
②先生はみんなの味方だということ。

どういう時に困るかを出させる。
③全員の名前を呼ぶ。
④簡単なゲームをする。

一一：〇〇　保護者への挨拶。
基本方針（確かに預かりました）／諸連絡（明日の持ち物）／第一回保護者会

何ということのない流れである。この中のどこで私は悩むのか。

たとえば、トイレに行かせる時の言葉である。「トイレに行きたい子、先生に付いていらっしゃい」でいいのか？「行きたい人」なんて言うと「見学したい」子も付いてきてしまうのではないか？「おしっこがしたい子」と言ったらいいのか、でも「うんち」がしたい子もいるかもしれない。では「おしっこやうんちがしたい子」と言うのか。これだと、教室の空気が崩れてしまう気がする。私は、このような「言葉の選択」に迷う。

緊張を解くのは大切だが、やはり「トイレに行きたい子」が妥当だ。「見学したい子」が付いてきてもいいのだと思えば何でもない。

しかし、まてよ。「トイレ」じゃ通じない子もいるだろう。「便所」と言ったらいいのか？だいたい、学校で使用する正式用語は何だ？　確か、トイレには「便所」という札が出ていたぞ。あれが、公式用語か？　でも「便所」と「トイレ」とでは、実感としてどちらが通じるのか……。

というように、「トイレに行かせる」というところだけで、延々と難問・奇問が続出するのである。日ごろ考えたこともない問題が生まれ、この場合問題を作った本人である私が解かねばならず、夜中にゴソゴソ起きて本を調べたり、ノートに整理したりして、いっこうに眠りにつけないのである。

また「名前を呼んで返事をさせる」というような平凡なことでも悩む。たとえば次のような場面を頭に描く。

①教師「名前を呼ばれたら元気に返事をしようね」
②教師「青木○○君」
③子供「はい」
④教師「今村△△君」

⑤子供「はい」

これでは、味も素っ気もない。もう少し味付けをしていい。触れ合いを入れていい。そこで②③④⑤を次のようにする。

②教師「青木○○君」
③子供「はい」
④教師「とってもいい返事だね。今村△△君」
⑤子供「はい」
⑥教師「今度もとってもいい返事だね」

これで、少しよくなった。しかし、「いい返事だね」を三六人全部やっていいものだろうか？　中には小さい返事の子もいるだろう。消え入りそうな声の子もいるだろう。そんな時どうするのだ。「大きい声で言おうね」と言うのか。母親が見ている。入学第一日で注意を与えるのか。絶対、ノーに決まっている。そんなことをしてはいけない。それくらいなら、小さい声でも「いい返事だね」と言った方がいい。でも、三六人「いい返事だね」と評価していくのは、少し無理が生じてくる。この、ささやかな無理がこわい。これは捨てよう。

では、一人一人、別の評価を与えてみるか。「とってもいい返事だよ」「元気そうだね」「しっかりした言い方だよ」「姿勢がいいよ」「腰かけ方が上手だね」。

これを三六人やるのである。その子に合った言葉を一人ももらさずかける自信がない。その場で思いついた、とりあえず見つくろったどうでもいい言葉を言ってしまう気がする。こういう時は、どこかに穴が生じる危険もある。〝危険だなと思える時に危険は生じる〟と考えた方がいい。入学式には避けるべきだろう。これも捨てよう。

たかが〝名前を呼んで返事をさせる〟ことなのに、一時間も二時間も私の頭は、堂々めぐりをするのである。

その次に『子供にも何か一言を言わせる』ことを考える。「返事をしたら、入学式の感想を一言、言ってください」というようにである。見本も見せてやる。

しかし、これはきっと「嬉しかった」と初めの子が言って、ずっとそれが続くであろう。緊張した中で、他の言葉を言えるはずはない。これは一年生には酷な方法だ。これも捨てよう。

しかし、子供に何か言わせたい。簡単で、意味のある言葉。私と初めての個別の会話を演出したい。何かあるはずだ。ここに至って、私の「名前を呼んで返事を言わせる」ことに対する基本方針が浮かび上がってくる。

一、子供が返事をする。
二、返事以外に子供が何か一言、言う。
三、教師と触れ合いを作れる。

この三点を満足させればいいのである。私の頭は、ますます冴えてくる。寝るどころではない。

そして、ついに思いついた。

教師「青木〇〇君」
子供「はい。向山先生」

教師「はい」
教師「今村△△君」
子供「はい。向山先生」
教師「はい」

これならいい。私の名前を言わせればいいのだ。それに対して、私も返事をしてやればいいのだ。これなら、どの子もできる。この日、私が寝たのは、明け方の四時。この日私は、三時間しか寝ることができなかった。

第2章

ドキュメント・入学式当日

――緊張の二二五分間

緊張の対面の場面を再録すると、次のようになる。

入学式の途中、ちょっとしたハプニングがあった。終わりごろのことである。「向山先生」と新入生の男の子が私をそっと呼んだ。A君。大きい身体のたくましい子である。ロンドンで何年間か過ごしてきた。A君は私の目の前に腰かけていた。

「なあに」私は顔を寄せて聞いた。「おしっこ」。A君が恥ずかしそうに言った声が聞こえたらしく、親たちの明るい笑い声がした。「行ってらっしゃい」と言って、私は彼を立たせた。すばやく、他の先生が立って彼を連れて行ってくれた。

無事、入学式も終わって教室に入った。この時のことを私は録音してある。再録してみる。

「おしっこしたい人は、トイレに行ってきなさい。トイレは教室の前にあります。」

七人がトイレに行った。全員、男の子である。全員揃ったところで、私はゆっくりと言った。

「つかれた?」

「先生ね、みんなのことね、昨日から本当に楽しみにして待っていたんだよ。」

「先生ね、みんなと握手したい。」「待ってたんだもの。」

「先生ね、一人一人と握手していくからね。固くにぎってね。」

座席を回りながら一人一人握手。一人一人の名前を言って握手。時々「わあ強い」「しっかりにぎっている」などと言う。最後のWさんが一人の席なので次のように言った。

「Wさん一人だけでかわいそうだけど、隣の人と手をつなぐとき前の人と三人で手をつないでね。」

前に戻って、愉快な首振り人形を出す。

「お人形さんもみんなを歓迎している。」（笑）

「こちらもニコニコくく。」と首を振らせる。（少し大きな笑い）

「もう一回やってやろうか。一年生いらっしゃい！」（大きな笑い）

「じゃあね、みんながかわいいから、みーんなかわいがってあげるね。優しい先生だよ。」

「さっきA君がね、『おしっこ行きたい』って言ったの。とっても偉かったよ。」

「みんなだって困った時あるでしょう。」「ああいうとき、おしっこ行きたいなあと思ったらすぐ先生のところへ来てください。」「向山先生にね、『おしっこ行きたい』って……。」

「A君ね、さっきおしっこ行きたいって教えてくれて偉かったから、もう一回握手しよう」と握手をする。

「困った時に先生に言いにくる人は、とてもおりこうなんですよ。」

「どういう時困るかな?」
「どういう時困るかな?」

（少しの間）

「意地悪をされた時困るかな?」（「困る」のつぶやきあり）
「ねえ――。意地悪された時にも先生のところに来てください。先生困っちゃったって。」
「あと、どんな時困るかな?」（「ケガした時」の女の子の声）
「（大きな声で）ケガした時ねえ。よく気がついたねえ。ケガした時も来てください。向山先生のところに。」

「あと困る時あるかなあ。もうないかな。」

（少しの間）

「みんな、幼稚園とか保育園とかお家にいて困った時ないかなあ。」

「はい」と手を挙げる子がいた。「はい」と言って指名する。「仲間外れにされた時」。

「仲間外れにされた時」と私は引き取る（意見を言った子にはみんな握手をする）。

「おなかが痛い時」という声が出る。「おなかが痛い時も困っちゃうね。」「おなかが痛い時とかね、みんなに仲間外れにされた時も先生に言ってください。」「先生ね。みんなの味方になります。ねえ。いやかな、こんな先生？」

（ざわつき、ニコニコの反応あり）

「それからね、今とってもいいことがあったよ。I君がね、何か言う時に手を挙げたでしょう、『はい』って。向山先生ここにいても、みんなが言いたいかどうか分からないでしょう。そういう時手を挙げるとね、すぐ分かるの。

I君、手を挙げたから握手。

手を挙げれば先生、すぐ飛んで行きます。なんでもいいんだよ。『先生、あのね』と言えばいいんだ。」


「もう困ることないかな。」「はい」と女の子が手を挙げる。

「はい、オー、手を挙げたね。」

「お部屋の分からない時……」

「ああ、お部屋の分からない時がありますね。」「あと具合が悪くなった時。」「具合が悪くなった時もそうですね、先生に聞けばいいんですね。みんなすごいな、いろんなこと知ってますね。」

「お勉強やっている時に『おしっこ行きたいな』と思った時も手を挙げていいんですよ。そういう時も手を挙げていいんですよ。ねえ、ちっとも困らないでしょう。学校にいて。」

「それから、さっきいいこと言った人がいますね。『つかれちゃった』って」

「つかれちゃった人、手を挙げて。わあ、こんなにいるの、じゃあ先生と一回ゲームをやろう。」「ワーイ」歓声。

「ジャンケンゲームだぞ。」「ワーイ」歓声。

「みんな立ってね、向山先生とジャンケンしていくよ。負けたらすわるんだよ。勝ったら残るんだよ。じゃあ、みんな立って！　先生が回っていくからね。」

「ジャンケンポン」

「大きい声でジャンケンポンって言って……」次々とジャンケンをしていく。

「先生が勝った、すわって」「そのまま残って——」などという。

「他の人もジャンケンポンって言ってくれる」。教室中、大きな声でジャンケンポンがひびく。

私は速いスピードで回る。「ジャンケンポン。アイコデショ。アイコデショ。アイコデショ。」

「ようし一回戦終わり。立っている人二回戦行くぞ。立っている人いくぞ」。二回り目に入る。人数はほぼ半数。

「みんなの声小さくなったぞ！」大きい声がさらにひびく。

「さあ、三回戦。三回戦だぞ」。三回り目に入る。二人が残る。「今度何回戦だあ」。「四回戦」（多くの子供の声）。「四回戦か。さあいくぞ」。子供を応援する声がひびく。二人とも私に負ける。

「でもね今、最後まで二人残っていたからね。その人がチャンピオン。第一回目のジャンケンチャンピオン。高い高いやってあげるからね」。二人を高い高いしてやる。

「ジャンケンゲームの二回目やりたい人？」全員の手が挙がる。「じゃあ、明日やろうかね。」

「こんど、お勉強しちゃおうかな。」

「うん、やろう。」「知ってるよ１＋１のことでしょう。」「知ってる？　すごいなあ！」「かけ算まで知ってる。」「ぼくできるよ。」

> 「今日はね、名前の呼び方のお勉強だよ。先生がね、名前呼んだら『はい』って言うんだよ。そしたらね、今度は『向山先生』って呼んでください。そしたら先生も返事をします。一回やってみましょうね。」

「青木○○君」「はい」

「青木君、『向山先生』って言ってください。」

「向山先生」「はい」

「上手ですよ。このようにやっていきます。では、始めますよ」

「青木○○君」「はい。向山先生」。「ハイ。今村△△君」「はい。向山先生」。「はい」……。

途中で、保護者たちが教室に入ってくる。この様子を真剣に見ている。

「最初のお勉強みんなすごいね。みんな合格。次の勉強したい人」。「はーい」。「算数」。

「算数。すごいなあ。」(親の笑い)

「二つ目の勉強したい人」。「はーい」。「明日やりましょうね」

「さっきのジャンケンゲームやりたい人?」「はーい」。大きな声。

「明日やりましょうね。ジャンケンの勉強してきてね」(笑い)

続いて私は保護者への挨拶をした。

「これからおうちの人にご挨拶しますから、ちょっと待っててくださいね。」

「今日はご入学、どうもおめでとうございます。私が担任をします向山です。向山洋一と申します。教師生活一六年目でしょうか。本校で二校目です。初めての一年生担任です。

私が一年生を担任しますと言いますと、『その顔を一年生がこわがるんじゃないか』(笑)、『大きい身体つきで一年生をつぶしちゃうんじゃないか』(笑)、と同僚からずいぶん言われました。その他にもいろいろと言われました。

『オルガンとかピアノをもっと練習しなさい』(笑)とか課題はいろいろあるのですが、まあ教育というのは子供の力を伸ばしていくことですから、その点では何年生の担任でも同じだと思っています。入学式の挨拶に出ていた、昨日『三時間しか寝られなかった教師』は私です（笑）。いつもはぐっすり寝るんですが、本当に子供たちに会うのが楽しみでして、初めて教師になった時と同じような緊張感を覚えて今日を迎えました。

いろいろと先輩たちに聞いたのですけど、結局私がやることは、子供たちが学校にやってきて頼りになるのは私一人というのでしょうか、この子たちが大きくなって成長していくまでのしばらくの間は頼りになるのは私一人なわけですから、安心させてあげることだと考えました。子供たち一人一人に頼りになるような教師でありたい、なりたいと心掛けていきます。

さっき、『みんなかわいがる』と言ったのですが、『学校で困ることとどんなことあるかな』という話し合いをしたのです。そういうことに、とりあえずは気を付けながらやっていきたいと思います。

保護者のみなさまから出していただきました児童調査表の中に、『担任に知らせておきたいこと』という欄がございました。何回も読ませていただきました（「アラ、私書かなかった」の声二、三名あり）。

いろいろな所から、九つぐらいの幼稚園、保育園から来ているわけですし、また幼稚園、保育園に通っていなかったお子さんもいるわけです。小学校は、もちろんいろんな所から通われているお子さんを預かって当たり前ですし、出発点がそれぞれちがっていて当たり前なわけです。

そういったお子さんたちを預かるわけですし、今日までの六年間、大事に大事に育てられたかけがえのないお子さんを預かるわけですから、それだけ心して、これから一年間真剣に向き合っていきたいと思います。

何せ私は、子供たちにとって助けになるような、私しか頼る人がいないという仕事をやっていきたいので、ご家庭ではくれぐれも『そんなことをやったら先生に言いつけるわよ』（笑）というようなことは、言わないようにお願いします。

これから四月は、学校に慣れてもらうための日が続きます。学校内でのことがらにつきましては、逐一ご連絡いたしますけれど、子供たちは緊張していますから、学校に慣れるように、友達が早くできるように、ご家庭でも配慮していただけたらと思います。

お子さんたちに今日いろいろなものを配りました。教科書、算数セットなどもすべて名前を入れていただきます。健康診断のための調査もございます。多少わずらわしいとは思いますが、お読みいただいて、定められた期日までにご提出くださるようお願い申し上げます。就学援助についての申し込み用紙も配布物にありますので、ご希望される方はどうぞお出しください。

なお、くわしくは、四月の一九日に開く第一回保護者会で、こまごまとした打ち合わせを行います。勉強のことと生活のことなどの連絡がございます。ぜひともご都合をつけられて、ご出席くださいますようお願い申し上げます。

今日は、細かいことまでお話をしている時間がございませんので、その点よろしくお願いします。

なお、この後写真を撮りますが、外で児童と私で撮ります。撮り終わった後、その場でさようならということになります。ご承知おきください。

それでは何分、こんながさつな人間ですので、大丈夫かなあなどというご心配もあるかもしれませんが、一年間よろしくお願いします。確かにお預かりいたしました。」(拍手)

「お待ちどうさま。みんなと先生と写真を撮りますからね。荷物をおうちの人に預けてください。」

「それじゃあ、一年生のみなさんは、さっきと同じように手をつないでください。」

こうして外へ出て、校庭で記念写真を撮った後、私とジャンケンをして勝った子から握手をしてさようならをした。負けたらもう一度、列のうしろに並んでやり直しである。次々とさようならをしたが、何回も負ける子がいる。最後に五人ほど残ってしまった。私はずっとパーしか出さないのだが。それでも勝てないのである。

やがて、四人が勝って帰った。残った一人は、半ベソである。

私はびっくりして、ひたすら負けようとするのだが、うまくいかない。

それをじっと見ていた男の子がいた。腕白坊主のようなたくましい子である。

ロンドンから来たA君であった。

彼がベソをかいている男の子に教えた。

「こいつ、パーしか出さないぞ！　チョキを出せ！」

なるほど、「これが一年生なのか」と感動を覚えた。

率直で、たくましくて、猛々《たけだけ》しくて、そして優しいのである。

〈その後のエピソード〉

一年生の子が四年生になる時、私は雪谷小学校に転任した。

そして三年、この子たちが卒業する時の謝恩会に招かれた。

会場は体育館、机上に料理が並べられている。児童も保護者も着飾っている。着物姿が多い。

来賓もいる。旧職員も招かれている。

会はすすんで、旧担任の挨拶となった。

私は司会の人に「一年生、二年生で教わった向山先生です」と紹介された。

前に出てマイクの前に立った。

拍手が起こる。拍手が静まって、静寂が流れるまで黙って待つ。時間は七、八秒。この七、八秒が大切だ。

私の話に前置きはない。必ず核心部分から話し出す。

静まりかえった体育館で、私は話し始めた。

> 今から六年前、先生は初めて一年生を担任しました。
> 入学式の前の日、先生は心配で眠れませんでした。
> 同僚の先生方から「向山先生の担任だと一年生は泣いちゃうよ」とか「みんなこわがっちゃうんじゃないかな」と言われていたからです。

入学式が終わって教室に入りました。

先生は、みんなの名前を呼びました。

「青木○○君」

「はい。向山先生」

「はい」

「今村△△君」

「はい、向山先生」

「はい」

こうして、みんなとの生活が始まったのです。

帰る時、先生とジャンケンをしました。先生に勝てば帰れるのです。

先生はあの時、パーしか出さなかったのですよ。

先生に勝った子が帰って行きます。

しかし、最後まで残った男の子がいました。べそをかいています。Y君です。

Y君は、手をにぎりしめてグーだけ出していたのです。

その時、ロンドンからきたたくましいA君が下から先生をにらみつけていました。

そして、Y君に向かって叫びました。

「オイ、チョキを出せ。こいつはパーしか出さないぞ！」

何ていい子なのだと思いました。

この子たちと一緒にやっていけると思いました。

こうして、みんなとの生活が始まったのです。


ご卒業、おめでとう。


この挨拶は、講演会、合宿で何回か再現した。好評だった。

私の挨拶はいつも、このような感じである。

第3章

入学後一週間のようす

1　入学式の翌日　四月七日(木)

本日の予定
返事の仕方。自己紹介。自分の席。正しい姿勢。便所・靴箱の使い方。
帽子・ランドセルの取り扱い。

朝八時五分、教室で待っていた。八時一〇分の開門と共に子供たちが入ってきた。いくぶん緊張している。

私は大きな声で呼びかける。「おはよう」。子供たちも返事をする。席にすわったまま動かないので、「席を離れて遊んでいいんだよ。ブロックで遊んでもいいよ」と教える。何人かの子が遊び始めた。

一時間目、子供たちは、いくぶん緊張ぎみに椅子にすわっている。トイレの使い方を教えた。個室の水の流し方を入念に教えて、一人一人やらせてみた。次にランドセルのしまい方を教えた。荷物をすべて出して机の物入れに入れさせる。空いたランドセルに黄色い帽子を入れる。そのランドセルをうしろのロッカーに上が先に入るように入れさせるのである。こんな簡単なことでも、全員ができるのを確認してから作業していくと大変であった。

二時間目、隣の席の子供の名前を覚えさせた。覚えたところから二人連れで、私の所に来させ、「隣の人は〇〇さんです」と言わせた。

次に靴箱に行って、靴の入れ方を教えた。教室に戻って、自己紹介をさせた。とってもスラスラと言える子供がいて、オヤッと思ったら、何人も出てきた。よく聞くと、ワンパターンである。どこかの幼稚園で練習をしてきたらしい。

一〇時三〇分に下校である。三クラスとも、ぴったり揃った。子供たちは三つの方向に別れる。それぞれ担任が付いて行く。みどりのおばさんも二人、一緒である。歩道橋を渡ったところで一人一人と握手をして別れた。

午後、学年会をした。打ち合わせがいろいろとある。夜、三人の担任で蒲田に出かけビールで乾杯をした。

2　三日目　四月八日(金)

本日の予定
学習用具調べ。鉛筆の持ち方(自分の名前を書く)。ロッカーの使い方。花だんの見学。校庭遊具の使い方。

雨が降っていた。一時間目、まず復習をした。

自席で立ち、隣の子の名前を言わせたのである。「忘れました」という子がいた。「いいんですよ。忘れた時は、『忘れました』と言えばいいんですよ」とほめた。ここで一つのルールを教えたことになる。

すごい子がいた。「みょうじは忘れたけど、下はM君」と紹介したのである。「知っていることだけ言えばいいんだね」と私は、うんとほめた。

プリントを配り、プリントのしまい方を教えた。四つにきちんと折って、バインダーにとめるのである。

二時間目、カサのしまい方を教えに「カサ立て」の所に行った。ところが、みんなカサを「ひも」できちっとしめてある。ダラッとしている子のカサは二つしかない。

私はびっくりしてしまった。「わあ——すごいすごい、みんなとってもおりこうなんだね」とほめた。「この二人の人も、きっとあわてていたんだよね。いつもはできるんだ。直してごらんなさい」と言って直させた。この状況を何かに使わない手はない。

「みんな、すごいので、校長先生に見てもらおう」。こう私が言うと、子供たちは歓声を上げた。

「しゃがんでごらんなさい。すぐ校長先生を呼んできますから」。やってきた中島校長は、ものすごくほめてくれた。一人一人の頭を全員なでてくれた。子供たちはニコニコして、とっても嬉しそうである。

これは大事件だ。きっと家で話をすることであろう。何といっても入学三日目に校長先生にほめてもらって、頭までなでてもらったのである。学校が大好きになることであろう。

教室に戻って、机の動かし方を教えた。四つの机を合わせる方法と、全部うしろに運んでしまう方法である。机をうしろに運んで、子供たちを前に集めた。どこか、ほがらかな表情も見られる。

前に集めた子供たちに紙芝居を読んでやった。子供たちはくいいるように聞いていた。

三時間目、画用紙に自分の名前を書かせた。鏡文字の子が二人いた。クレヨンを忘れた子がいてベソをかいていた。私のを貸した。次に自分の顔を描かせた。二枚渡したのであるが、描くことの早いこと早いこと。何と一〇分で全員が描き上がった。私はびっくりした。

この子供たちに授業をどうやって組み立てたらいいのか、少し不安になった。

時間があまったので、教室内の物品の名前を言わせた。「テレビ」「黒板」「オルガン」「配膳台」「給食ロッカー」……。分からないものは教えた。

下校は一一時二〇分である。この日も、二分ぐらいの誤差で全クラスが校門に整列した。例のごとく、途中まで送って握手をして別れた。

3　四日目の失敗　四月九日(土)

私は教師一六年目にして、初めて一年生の担任となった。入学式の前日、緊張のため三時間しか寝られなかった。わずか二五分の教室での指導が心配だったからである。初めて学校の門をくぐった六歳の少年少女を、最高の状態で迎えてやることは一年生担任の大きな責任であった。失敗は許されなかった。

どうやらこうやら入学式を無事終了し、二日目、三日目と過ぎていった。忘れもしない四日目、私はガーンとなぐりつけられたようなショックを受けたのである。言い訳のきかない、大失敗であった。

一年生の担任になることが決まった時、同僚の小方先生に次のように言われた。

「できるだけ早く教室に行って子供たちを待ちましょうね。」

しかし私は怠惰な人間であって、登校時刻はいつもぎりぎりである。これは小さいころから筋金の入ったもので、どうにもならないのである。私の父親は遅刻ができるからと言って、会社を辞めて自分で会社を作ってしまったような人である。親子二代の因業なのだ。だから、私はさりげなく聞いた。「どうしてですか。」

西川先生が言った。「だって子供がかわいそうでしょう。」

言われてみればそうかもしれない。初めて学校に来て、誰も迎えてくれなければ寂しいかもしれない。でも、過保護のような気がする。いまいち納得できなかったが、一応、朝早く教室で迎えることにした。

二日目、三日目とうまくいって四日目、前日の高校のクラス会の酒がたたって一〇分ほど遅れた。八時一五分に教室に入った。教室にいる子は七、八名。ところが様子が少しおかしい。泣いている女の子がいたのである。

——ケンカしたのか——と私は思った。「ケンカしたの？」と聞くと首を振る。「いじめられたの？」と聞くと「ちがう」と言う。「どうしたの？」と聞くと「寂しい」のだと言う。

この時だ、ガーンとなぐられたように思ったのは。

私は何と鈍感な教師なのだろう。小学校一年生の心は何と繊細なのだろう——と思った。おっかない学校のおっかない教室で、私がいなかったから寂しくなってしまったのだ。せいいっぱいがんばっていた心の張りが、プツンと切れたのだ。それを何だ私は！　一人前に分かったふりをして!!

私は女の子をひざの上にのっけて、だきしめてやった。「ごめんね。本当にごめんね、先生がいけなかった。もう少し早く来てればよかったんだよね。もう先生がいるから寂しくないからね、大丈夫だからね。」

そうやって、だきしめていた。後から来た子供たちも、私のまわりに集まってきて、「今日、誰ときたの」「何を食べてきた?」「先生なっとう食べてきたよ」。とりとめのない話で何となくにぎやかになった。

チャイムが鳴った時は元気になっていた。こうして私は「緊張の入学式前夜」「大失敗の四日目」の経験を通って、一年生担任として出立した。

4　五日目　四月一一日(月)

本日の予定
一校時　校内めぐり　　二校時　すきな絵を描く　　三校時　校庭で遊ぶ

廊下を歩いていく時、おしゃべりが多くうるさかった。階段ホールの所ですわらせて、話してきかせた。

「今、お兄さんやお姉さんたちは勉強をしているんですよ。廊下を通るときうるさいと、勉強のじゃまになるでしょう。一年生ってうるさいな、ってお兄さんやお姉さんたちに嫌われてしまいますよ。静かにしましょうね。」

一年生は真剣に聞いていた。「静かにしましょうね」のところで「はーい」と元気な声が返ってきた。それ以後、廊下を歩く様子が、見ちがえるほどきちんとした。

二年生の教室、六年生の教室を見せてもらった。ゆっくり通過するだけである。顔見知りなのだろう、声をかけてくる上級生もいた。

音楽室では、合唱の練習をしていた。教室の中を通過しながら、「この先生、すごいな」

と思った。子供たちの授業への集中がすごいのである。授業が生き生きしているのである。音楽の日野正美先生は転任してきたばかりの三〇代の女の先生だった（その後、あっというまに子供たちが音楽好きになってしまった。驚異的なことだった）。

体育館があいていたので少し遊んだ。男の子がやって来て私に言った。「体育館のおへやが一番いいね」。

二校時　図工の時間「すきな絵」がいっぱいできた。お人形、まんが、ロボット、家、自動車、チューリップ、うさぎ、いろいろあった。描くのが早いのにはびっくりした。画用紙を配り終わって「さあ描きましょうね」と言ったとたん、「先生、できました」と持ってくる感じである。一〇分以内に、みんな終わってしまった。

絵を持たせて、みんなの前で何の絵か説明させた。

「これは、ロケットの絵です」というくらいの簡単なものである。中には、フレーズを長く言う子もいた。

「昨日の日曜日ね、みんなでお出かけしたの。その時に見た、自動車なの」というようにである。私は、どれもこれも大げさにあいづちをうった。男の子が一人、「しゃべるのが苦手」らしく泣き出してしまった。静かな子である。

「言うのがいやな時は言わなくてもいいよ。でも、絵だけは見せてごらん」。こうして、黙ったまま、男の子は絵を見せた。ところが、次の女の子が「見せるのいや」と私のところに言って来た。「先生に見せてくれる?」と聞くと、それもいやだと言う。

私は子供たちに説明した。「◎◎ちゃん、とってもいい絵が描けたんだって。でも、今はね、一人だけで見たいんだって。もう少し経ったら見せてくれるから、それまで待ってあげようね。」

子供たちは「いいよ」「今度見せてね」と声を出していた。

「見せるのいや」という子供も「今度見せてね」という子供も、子供とは何とかわいらしいのだろうと思った。高学年担任の時には、経験できなかったことだった。

5　六日目　四月一二日（火）

本日の予定
一校時　理科・テレビ　　　　三校時　対面式の練習・学校めぐり
二校時　体育・洋服の着脱　　四校時　ツベルクリン注射

一校時
テレビのスイッチを入れた。子供たちはくい入るように見ている。私は上学年担任の時、テレビはほとんど見せなかった。自分で授業をした方がいいと思ったからである。今でも、その思いに変わりはないが、この時は一年生の真剣さに圧倒された。
テレビが面白いということより、新しい体験の一つ一つに新鮮な感動を覚えているみたいだった。テレビの語りかけに一つ一つ反応する。
「そうだよ」「うん」「わあ、いいなあ」など、いちいち応えているのである。
二校時
洋服を脱がせるだけで大騒動だった。前もって学級通信で連絡しておいたのだが、それでも自分で脱げない洋服を着てきた子が二人いた。二人とも女の子で、うしろのボタン、ファスナーがはずせないのだった。

「先生脱げません」と言ってきたので、「先生はお手伝いしないよ。お友達に頼んでごらん」と言った。二人とも、隣の子に頼んでうまくいったみたいだった。

たたみ方が上手かどうか調べていった。「上手」「とってもいい」と言っていくと、ほめられて喜んでいた。「おや、少しあわてちゃったのかな」と言われた子は、すぐに洋服をたたみ直した。たたみ直しても、ほんの少しよくなっただけだったのだが「今度は、上手だ」と言ってほめた。心配そうな顔が、にこやかに変わった。

次に、体操服を着させた。これは、全員すぐにできた。体操服を入れる袋を二つに折って、脱いだ服の上に置かせた。全員、体操服になって得意そうだった。そのまま脱がすのもかわいそうなので、校庭めぐりをちょっとだけした。また体操服を脱がせ、袋にしまわせて、洋服を着させた。こんな簡単なことを教えるのに四五分もかかった。

二〇分休み

席にすわっている子がまだいる。声をかけて外に連れ出した。

三校時

児童集会室に連れていって、対面式の練習をした。挨拶をする子を各クラス二人ずつ、合計六人選んだ。挨拶もシンプルにした。

一組……**「お兄さん」**　二組……**「お姉さん」**　三組……**「よろしく」**

全員……**「お願いします」**

「一年生になったら」を全員で歌うことにした。みんな元気で上手だった。「よびかけ」「歌」の練習を終えて、校庭めぐりをした。

四校時

ツベルクリンの注射をした。「僕、大丈夫だよ」「私、注射大好き」などと大騒ぎだった。一人が「注射大好き」と言うと、他の子も「私も好き」「僕も大好き」と連鎖反応を起こした。保健室へ行って注射をすると、少し様子がちがった。べそをかいている子が二人もいた。顔色が悪く、心配そうな女の子もいた。

保健室のF先生に身体を包み込まれ、腕だけをお医者さんに出して注射してもらった。「なるほどな、一年生の注射はあのようにするのか」と感心した。教師生活一六年目にして、初めて見る光景であった。

第4章

入学後一カ月

入学してから一カ月、五月までの教室の動きを描写すると次のようになる。

四月一三日(水)

一校時　国語

絵の中の動物をさがす。テレビを見る。ジャックと豆の木。鉛筆の持ち方の指導をする。持ち方がダメな子一二名。鉛筆で線を引かせる。

二校時　算数

数え棒を一〇本、机の上に用意させる。「先生が言った数だけ棒を取りなさい。できるだけ早く取った方がいいのです」。やっているうちに、棒の置き方に変化が出てくる。一〇の数を分解して置いてある。

二〇分休み

全員を屋上に連れていって遊ぶ。

三校時　音楽

リズム遊び。リズム打ちのできない子、二名。リズム打ちのあやしい子、三名。

四月一四日(木)
一校時　算数
数(三、四、五の数の集合)。教科書に鉛筆で○をつけさせる。
二校時　ツベルクリン判定
陰性三名。そのうちの一名、「こわい」と泣く。
三校時　合科
外に出て、砂場で遊ぶ。みんな喜んで遊ぶが、仲間に入れない子数名。
A……集団に入らず、一人で砂をいじるがすぐにあきる。立って見ている。
B……砂場のふちにずっと腰かけて見ている。後半、さそわれ仲間入りする。
C……ずっと一人で砂遊びに熱中している。
D……周辺をずっと徘徊。後半、いつの間にか仲間に入っている。
E……仲間に入らず、じっと見ている。「どうして入らないの」と聞くと、「よごれるから」との返事。「よごれなさい」と言うと、こわごわ仲間に入る。
女の子の砂遊びは、ダンゴ作りが主流。男の子は近くの水道から水を汲んできて、しきりに川や池を作っている。

四月一五日(金)

T君が教室で吐く。すぐに教室の隅に用意しておいたバケツの中の砂をかぶせる。「T君の調子が悪かったんだよ。おなかが、少しお休みしたいって言ったんだよ。T君がんばるようにはげましてやろうね。」と、全体に言って、T君を口をすすぎにやらせる。すぐに砂をほうきではきとる。こうすると汚物はすぐにとれる。校庭の足洗い場に行って、砂を置き水を流す。こうすると、汚物だけが浮いて流れてしまう。教室のほうは砂をとった後を、雑巾でふく。これだけで、すぐ片付く(現在ではロタやノロといったウイルス性胃腸炎を警戒して塩素系漂白剤を使って消毒している)。

教室にバケツを入れた砂を用意しておいたためである。翌日、母親からていねいなお便りをいただいた。

向山先生へ

毎日一二時半少し前、「ママー、ただいま!」と息を弾ませながら玄関のドアをドンドン。ああ。今日も元気に帰ってきた、とホッとする一瞬です。ずい分甘やかして育て、本人は至ってのんびり屋の極楽トンボ……なものですから、果たしてこの子は学校へ行けるのかしら、などかなり本気で心配していましたが、毎日生き生きした顔で登校し、帰宅します様子に順調なスタートを切らせていただきましたこと、心より感謝致しております。

今日は、もどしたとかで、お手数をおかけして、申し訳ございませんでした。いつかの連絡表にうっかり書き忘れましたが、Tは、もどしやすい体質なのか、さほど具合が悪くなくてもよくもどしますが、特別にどこか悪いという感じでもないので（私の独断ですが）ほっておいています。又、ご迷惑をおかけするかも知れませんが、よろしくお願い致します。

いろんな面で、先生のお手を煩わせるだろうと思われる我が子ではございますが、何卒よろしくご指導下さいませ。先生には初めての一年生のご担任、お疲れが出ませんようように。

一九八三、四、一五　　　　　　　　Tの母

四月二〇日（水）

一校時　国語

単語の音節ごとに手を打つ。「うま。りす。いぬ。いす。きつね。つくえ。ながぐつ。ひまわり。こいのぼり。ゆきだるま」

「チューリップ」を打たせてみる。

Y説　三拍　賛成一五人。O説　四拍　賛成四人。D説　五拍　賛成一二人。

「チンパンジー」を打たせる。

H説　五拍　賛成一〇人。Z説　六拍　賛成六人。

これからの勉強として、答えは言わない。

二校時　理科

うさぎ小屋から、うさぎを教室へ持ち込む。教室中、大騒ぎ。初めてうさぎをだいた子……一一人。

K君が、私の所へ来て言う。

「先生ね、ぼく学校にお泊まりしたい。」

「どうして?」

「だって、学校、面白いんだもん。」

四月二一日(木)

一校時　図工

濃い線、うすい線を引かせる。五分で「できました」の声あり。五人の線を引いた紙を前に出してほめる。まだでき上がらない「ねばり強い子」を、うんとほめる。

朝顔の鉢に水をやるため、缶ジュースの空缶を各自一つ用意させ、靴箱に置かせる。朝来たら、まず水を缶に一杯分朝顔にやるという手順。

四月二二日(金)

三校時　国語(横浜国大のI君、卒論のため見学)

一、言葉の音節を手で打たせる。

二、「ペンペン草」の詩を暗唱させる。

三、「つ」の字を教える。

四、「おかのうえ、しろいくも、またあした」を読む。

「くもって何だ?」と聞く。

「先生知らないの。それでよく先生できるなあ」との声。

「先生だって知ってるさ。さっき体育館に行って、倉庫に入ったんだ。そしたら、すみの方にくもの巣があって……」(と、くもの巣の絵を書き出す)。

子供たちコーフン状態。「そんなんじゃないの」「上のくものこと」などと、私につめよる。

「あしたって何のことだ?」。「あしたがないと人生終わっちゃう」とM君。

「あしたはあした」とS君。

これは、よく分かる。こういう説明はあるものだ。自分では、しっかりと説明したつもりなのだ。

「一八時間後のこと」「二四時間だよ」との声あり。

これもよく分かる。むずかしい言葉、二四時間後をつい忘れてしまったのだ。うろ覚えで十八時間と言ったのだ。このようなこと、私にも覚えがある。

四月二三日(土)

一校時　体育

体育遊び、マット遊び。

(1)ケンパー・ケンパー・ケンパー

⑵ケンパー・ケンケンパー・ケンパー

できない子三名。不完全二名。

できない子三名は、行進の時、曲に足が合わない。

二校時　国語

⑴しりとり

⑵四角に一字を入れてことばを作りなさい。

□き

あき、たき、かき、えき、つき、ゆき、ふき、くき、てき、まき、いき。

私が「いき」(行き)と意味を受けとったとき、子供から「ちがうよ、『いき』(息)だよ」とのクレームがついた。

四月二六日(火)

二校時　理科

昨日の鉢への土入れに続いて、本日朝顔の種をまく。「どんなかっこうで、芽が出てくるかな?」

O案  五人　Y案  九人

S案  二人　X案  一二人

四月三〇日（土）

二校時　体育

体育館の綱でターザン遊び。

綱にぶら下がれない子一人。やっとの子二人。ぶら下がるだけの子二人。

綱にぶら下がって、自分の身体を三〇センチくらい持ち上げる筋力は必要のようだ。

三校時　国語

絵の中にかくされた動物をさがす。

きりん・ひつじ・犬・かめ・たぬき・あひる・ぞう・しまうま・しか・くま・きつね・ねこ・りす・うさぎ・うし・うま・つばめ・かぶとむし・めだか・かに・えび

以上のような動物について知っていることが前提となっている。

N社版一年漢字の分類

(1) 数　一、二、三……
(2) 体の名　目・耳・口・手・足
(3) 曜日　日・月・火・水・木・金・土
(4) 色　白・赤・青
(5) 位置　上・下・左・右
(6) 動物　犬・虫
(7) 植物　木・花
(8) 自然　山・川
(9) 人間　男・女・人・子
(10) 動き　見・入・出・休
(11) 勉強　文・本・字
(12) その他

私の疑問点

① 江戸時代の寺子屋での漢字提出と、どこが異なるのか。
② この漢字分類のロジック（論理）は何か。

一年生を担任して一カ月間の結論

一年生の教育はものがなければ成立しない。

第5章

給食始まる

五月一日、初めての給食が始まった。早々と三時間目の途中、一一時七分から準備を始めた。給食着を着た子供を八人連れて給食室に出かける。

今日のメニューは、サンドイッチ・野菜スープ・牛乳である。「つゆもの」は熱い。こぼすとやけどをする。当然これは、私が運ぶ。牛乳は、大きな冷蔵庫の所でもらう。クラスの札を容器から出して、所定の箱に入れる。全員に見せて、二人の子に牛乳を持たせた。他の子にも、食器、食カン、残菜用のピンクのバケツなどを手分けして持たせる。

一班から順番にセルフ・サービス式に取りに来させた。給食係の子は、半分は「食器渡し」「パン渡し」などの仕事をして、あとの半分は、自分たちの班の給食の準備をする。

子供たちは「ワァーおいしそう」「早く順番こないかな」などと言っていた。一年生には、一つ一つの出来事がみんな新鮮であって、しかも楽しみなのである。

一一時三〇分には、準備が完了した。思ったより早くできた。

念のためにと、「スープが多いと思う人は持ってきなさい」と言った。六人の子供が「多い」と持ってきた。半分くらいにへらした。給食係が前に出て「いただきます」をした。

みんな、「おいしい」と言って、とっても楽しそうである。スープが残っていたので、おかわりをする。「おかわりをしたい人は持っていらっしゃい。」

一三名ほどの子が、おかわりに並んだ。Oさんが、私のそばにやってきて次のように言った。

「先生、スープがお口に合わないんです。」

私は、ひっくりかえるほどびっくりした。こんなことを給食に対して言われるとは思ってもみなかった。私は、クラスの子全員に、次のように言った。

「おうちではお母さんがお食事を作ってくれます。お母さんは、みんなの好きな味を知っていて上手に作ってくれます。でも学校は、一年生から六年生まで、先生も主事さんもみんな同じものを食べます。お口に合わない人がいるかもしれませんけど、だんだん慣れてきます。どうしても、お口に合わなかったら無理しなくてもいいです。でも、少しだけは食べるようにしてごらんなさい。」

子供たちは「はーい」と元気よく応えた。

この日の給食終了は一一時五〇分だった。女の子が二人、残っていたのだ。パンを残した子一五人、スープを残した子一人だった。

給食開始は子供にとって大事件であって、家でもあれこれ話題になったらしい。保護者から便りが届けられ、学年通信に載った。

《あのね》　一九八三・五・一一

〈お母さんの声〉

その一　いつもお世話になっております。今日大きな声で「ただいま」と元気よく帰って来ました。「今日ね、給食食べたよ。全部食べたよ。学校のパンは、おさとうがついているみたいに甘くてね、おいしいよ。それとね、おかずに野菜が入っていてね、おそばみたいのが入っていてとてもおいしいよ、だから全部食べたよ」と喜んで帰って来ました。大変嬉しく思いました。幼稚園の時は、給食がきらいで大変困りました。でも学校の給食は、大変おいしいとのことで嬉しく思います。先生方、給食主事さん、ほんとうにありがとうございます。これからも児童のために、よろしくお願いいたします。

その二　待ちに待った給食が始まりました、帰ってくるなり「給食とてもおいしかったよ、きょうは三人お休みだったので、その人たちの分まで皆で分けて食べちゃった。次の給食も楽しみだなあ」とまくしたてました。学校給食というと、私共の小学校時代のことを思い浮かべます。牛乳ではなく脱脂粉乳だったし、おかずもおせじにもおいしいとは私自身思っていませんでした。今の子供たちは幸せですね。給食をお作りになる方々の御苦労が目に浮かんでまいります。どうぞがんばって下さい。

その三　入学して約一か月、初めての一年生を経験して、親もやっとおちついて少しなれて来た今日このごろです。給食も始まって一週間、そのことについて少し心配しています。食事に関して好き嫌いはほとんどなく、割合と何でもよく食べる方です。給食もとてもおいしくて「全部食べたよ」と喜んで話してくれましたが、食べるのがおそくて時間がかかります。幼稚園の時から、何かにつけて「マイペースです」と言われてきましたので、学校ではどんな様子か気がかりです。

かくして給食は始まったのである。
だんだんと準備や食事の仕方に慣れてきて、三学期ともなるとすっかり落ち着いてくる。
次は、二月の「学校便り」に載った小方先生の文章である。

〈給食風景〉　　　　　　　一年担任　小方シズエ

「キンコーン、カンコーン」。四時間目の学習が終わる。「わあい。給食だ。先生きょうの給食なあに」。元気のいい男の子がわたしのところへとんで来る。「さあ、なにかしら。献立表を見てごらんなさい。」「あ、のっぺいじるってかいてあるよ。」「先生のっぺいじるってどんなの。」「あ、バナナだ。」「さあ早く手を洗って食べましょ。寒い時は、温かい物を食べると体があったまるのよ」。子供たちを促しながら急いで手を洗う。三学期になり水の冷たさが一段と増す。よく見ると手を洗わない子がかなりいる。当番の子はしっかり洗わせるが、他の子は見逃すことが多い。中には、せっかく洗った手をハンカチで拭かず、ズボンのお尻で拭いている。廊下で寝っころがって遊んでいる。輪投げや楽器を整理している。こうなると洗った子の手も洗わない子の手も大差なくなる。

「さあ行きますよ」。小さい体に大きなかっぽう着姿がなんとも可愛い。一列に並んで給食室へ……途中大きな体に小さな前かけ姿の向山先生とすれ違う。何ともほほえましい。日によって多少違うけれど、九人の係で六個から九個の物を運ぶ。一年生には少々重すぎる食缶もあって、必ず担任がついて行かないといけない。従って、担任が休むと補教の先生がついてくださる。

女三人寄れば姦しい、と昔から言われているが、最近は男の子が結構おしゃべりで、男三文字で新漢字を提案したいくらいである。「つばがとぶから静かに待っていなさい」と噛んで含めるように言っても、ものの三分黙っていられず、口角泡を飛ばす勢いでおしゃべりに夢中。「一年二組特製のっぺい汁」を食べる羽目になる。食欲が半減するが、

「残さずきれいに食べましょう」という目標の手前食べざるを得ない。「昼は白いご飯と焼き魚と青菜のゴマあえで軽くすませたいな」という願望を、牛乳と共にぐっと飲み込んでにこにこと食べる。

今日の献立、パン・のっぺい汁・バナナ・牛乳をきれいに食べた子一八人、残る一九人は何かを食べ残した。一番食べて欲しいのっぺい汁は、一一人の子が残した。野菜の高値が続く昨今、人参・ごぼう・こんにゃく・大根・青菜・白菜・あぶらあげ・とり肉・里芋と、盛りだくさんなのっぺい汁だったが、一年生の胃袋はまだ小さく、入りきれないのだろうか。血になり肉となり力となる食物を、バランスよく配列してある献立表を見るとみんな残さず食べて欲しい。明日への原動力とするために、がんばれ一年生。

第6章

係の仕事に意欲をもたせる

係活動を始めたのは、二学期になってからである。二学期から始めるのは「少し遅いかな」という気もしたが、一学期には係の必要性を感じなかった。また、一年生は「私がやりたい」「ぼくもやってみたい」という気が強いので、一つ一つのことを初めはみんなに体験させたいと思っていた。

二学期になって、係が誕生した。きっかけは、ある子供たちが「どじょう」「めだか」を教室に持ち込んできたことである。誰かが世話をしなくてはならず、持ち込んだ子は、当然「自分たちがやる」と主張する。他の子は「自分もやりたい」と言い出す。ここに「みんなの仕事を代わりにやり続ける」係が必要になったのである。

「みんなで、めだかの世話はできないでしょう。誰かにみんなの代わりに世話をしてもらわなくちゃあだめでしょう。」

子供たちは「ぼくがやる」「私やりたい」と大変である。

「でも、他にも、そういうお仕事はあるでしょう。みんなではできないけど、やらなくてはいけない仕事が……」「ある、ある」と子供たちは言う。「そういう仕事も、みんなで手分けしてやるようにしましょう。」

私は、子供たちから、いくつかの仕事を出させて「かかり」と命名した。次のようなものが出た。

①　えんぴつけずりがかり　④　せいぶつがかり　⑦　てれびがかり
②　あそびどうぐがかり　⑤　ほけんがかり　⑧　としょがかり
③　せいりがかり　⑥　まどがかり　⑨　おたよりがかり

係は、班ごとにすることにした。各班で話し合わせ、希望の係を選ばせた。この時、生物係、保健係、テレビ係に希望が集中した。図書係の希望は一つの班だけだった。

「図書係は○班しか希望してないのでこのまま決めます。多いところはジャンケンをします。今のうちなら他の所へ移れば、そのまま決まります。どうしますか。班で話し合いなさい。」

一、二分話し合った。その結果、一つの班がおたよりがかりに動いた。おたよりがかりは、自動的にその班になった。あとは、ジャンケンである。班の代表にジャンケンをさせた。

ジャンケンは、ものすごい歓声の中で行われた。勝った班が希望どおりの係になった。負けた班は、残った係から選ぶのである。負けた班だけ一分ほどの打ち合わせをさせた。残った係から一つ選ぶのである。再び希望が集中したところは、ジャンケンをした。こうして、九つの係が誕生した。

係で何をするのか話し合いをさせた。およそ一〇分。結果を、みんなの前で発表させた。

発表したことを、色画用紙の半分に、マジックで書かせた。初めての「方針」案である。

●あそびどうぐがかり

・みんなちからをあわせてやっていきたいです。

●まどがかり

・こうていに水をまいたりするときにまどをしめたり、くうきがわるかったりするときにまどをあける。

●せいりがかり

・ゆかのごみひろいをする。せんせいのつくえをきれいにする。こくばんをきれいにする。みんなのたなをふく。みんなのつくえをきれいにする。きょうしつのまどをふく。

以上のように各係の方針を書かせたのであるが「いきもの係」は、「一人一人の仕事を決めたから一人一人の方針も書いて貼りたい」という。私は、着想のすばらしさをほめて、みんなに紹介した。

●いきものがかりのわたしのやること　　S・Z

・水とりかえ。ときどきえさをやる。・ちゅうわざいをいれたりするやくめです。

この方式は、急速に各係に波及した。誰かがいいことを発明すると、すぐ真似が生じるが、それでいいのである。

教室における「波及効果」は、他の教育機関では得られない宝物なのだ。

二カ月経って、席替えをし、それに伴って係を変えた。いきものがかりが二つになった。おとしものがかりもできた。せいりがかり、えんぴつけずりがかりは廃止された。自然な発展である。

係は当番と明確に異なる。一年生のうちは、両者は混在しているが、原理は異なる。当番は、毎回同じような手順でくり返される学級内で絶対に必要な仕事である。たとえば、給食当番、掃除当番などである。係は、子供たちの創意工夫が生かされることを内容とした学級内の仕事である。多くの場合は、文化・スポーツ・レクリエーションの活動になる。では、係とクラブはどこがちがうのか。

係は、全体に対して「文化・スポーツ・レクリエーションの場」を提供するのである（一方クラブは、クラブ内の人間が楽しめればいいのである）。だから、私のクラスの「まど係」「テレビ係」なども、本来は係ではない。

てれび

てれびがかりの
なかざとただえ
まんばみき
おおたひろみ
おおたけいっぺい
なまえ

てれびがかりのしごと
けしたりつけたりする
それにちゃんねるをかえたり
するおとをおおきくちいさく
したりするてれびのふたをあ
けたりするあとみんなにみて
もらう。
てれびがかり

としょ

おねがい

1ほんをなげないでください
2ほんをもとのところにもどしてください
3ほんをやぶかないでください

しかし、一年生は未分化でよい。それが自然である。だが、高学年で未分化のまま放置すると、肝心な「子供の創意工夫の活動の場」がなくなってしまうことが多い。

二回目の係の改廃で「せいりがかり」「えんぴつけずりがかり」が廃止され、「いきものがかり」が二つになり、「おとしものがかり」が誕生したのは、原理的に考えて前進であった。二回目の各係の方針は大変くわしくなった。今度は、色画用紙をそのまま与えて書かせた。前の倍のスペースになった。

●いきものがかり

①きんぎょにえさは10つぶ　②かってにえさをやらないでください　③ちゅうわざいはどくですから、さわらないでください。④すいそうのなかにてをいれないでください。

きんぎょのなまえ。あかこときみこです。しっぽがちがいます。

●あそびどうぐがかり

①T・Oです。↓ はんちょ
②J・Tです。↓ ふくはん
③H・Oです。↓ ふくはんちょ
④T・Oです。↓ ふくはんちょう

このかみを
あけて
ください

じぶんのやりたいこと

①あそびどうぐをいっしょうけんめいかたづけてがんばります
②ブロックがでていたらきちんとかたづけます
③あそびどうぐがだしっぱなしだったらかたづけます

おねがい①

はれのときは
そとであそんでください
あめのときは
おへやのあそびをくふう
してください

おねがい②

あめのとき
「せんそうごっこ」
をしないで
ください

おねがい③

あそびがおわったら
みんなも
かたづけて
ください

ここらあたりから、係の仕事がどうやら動くようになった。

第7章

授業を知的に

国語を教える

一年生に「国語」を教えるのは、大切な教師の仕事である。だが、一年生は人それぞれにちがう体験をもって学校へ入ってくる。アメリカから来た子もいるし、ロンドンから来た子もいた。幼稚園もキリスト教系、仏教系、公立、私立と様々である。保育園育ちもいれば、どこにも行ってなかった子もいる。こういう子に、同じ教科書で「言葉」を教えるのである。これは至難の業だ。

私の感じで言えば、一学期は「調整期間」ということで自由に、のんびりやった方がいいと思う。教科書の進度は、私には信じられぬほどの超スピードである。当時の学年通信に、私は次のように書いた。

《あのね》読み書きの実態　一九八三・五・二　No.13

①小学校に入って来る子に、「何がどのくらいできる」ことを期待していいのか?・

ここらへんが、私には、悩みのたねである。教師社会の常識に従って、〈自分のことが自分でできる〉〈他人と交われる〉〈自分の名前が読める〉ということにしてみる。〈自分の名前が読めればよい〉というのは本当か？　ということを、私は今後追求してみようと思う。

②とりあえず、ひらがなの「読み」の調査を四月二七日にやった。一人一人呼んでプリントの言葉を読ませたのである。「たぬき」「かもめ」「へちま」「すみれ」など四八文字で組み合わせた言葉を読ませたのである。

調査の結果を粗く分類すると、四グループに分けられる。

A　すらすらと全部読める。

B　「た・ぬ・き」というように、一字一字区切ってならば全部読める。

C　四八文字中、四五文字以上を読める。

D　四八文字中、四十五文字まで読めない。

これに人数を当てはめてみる。次のとおりである。

A……一一人　B……一五人　C……四人　D……五人

小学校教育の前提である「名前が読めればいい」というのは、D層である。これが、わずかに五人である。A、Bの子が多いということは、「ひらがな」の勉強が、かなり計画的に教育されてきたことをものがたる。

3 私は小学校の教師として、当然、Dグループから出発させなければならない。さて、Dグループをもう少しくわしく見てみる。全員男の子である。

H君……三八文字　この子は会話がしっかりしている。

I君……三九文字　一字一字をひろって読む方法で「言葉」になっていない。

J君……二八文字　知っている字はパッと出るが、まだ二八文字である。

K君……一八文字　やっとのひろい読みである。

A君……一〇文字　一回目は一つもできなかった。みんなが読んでいるのを見て、やり直した。自分の名前が六文字、の他に、り、す、か、くの計一〇文字である（ロンドン帰りである）。

このように分析してみると、教師の社会の常識どおりの状態で入学してきたのは、A君一人である。A君は一〇文字しか読めていない。今後どのように文字を習得していくのか大変興味がある。私は当然、責任をもって習得させなければならないのである。

4 さて、ここで教科書を見てみる。日本書籍発行のものである。

この教科書では、「名前だけ読める」子供に、どのくらいの時間をかけて文字を教えようとしているのか？

初めは、教科書の絵を見てお話をさせる。

ウォーミングアップである。このウォーミングアップは何時間あるかというと、一時間である。わずかに一時間である。

つまり、「絵を見て、何がしかのことをしゃべる」ことは、入学前にできるようになっているのが望ましい、いやぜひ必要だ、ということになっているらしいのである。

〈・連絡　アサガオの芽が出始めました。　・今日から給食開始です。〉

《あのね》入門期の国語指導　一九八三・五・二　No.14

5そして、絵の中に出てくる言葉を、手をたたきながら言わせる。つまり、音節を意識させることを二時間やることになっている。そして、四時間目に「ひらがな」が出るわけである。

ここで、ドーンと五文字が登場する。つ、く、し、う、の、である。

五時間目は、「く」のつく言葉をさがして書く勉強。

六時間目は「し」と「つ」、七時間目は「う」、八時間目は「の」、の言葉集めと書きの練習をして、九時間目、一〇時間目は「おかの　うえ、しろいくも、またあした」の文の勉強に入る。
九、一〇時間目は、二時間で「お、か、え、ろ、い、も、た、あ」の八文字を習う。
6 つまり小学校に入学してから、初めの一〇時間で、一三文字を習うわけである。名前しか読めない子に、初めの一〇時間で、一三文字のひらがなを学習させることは可能かどうか？
　文字の習得は、初めが難しい。それは「学び方」も一緒に身に付けねばならないからである。

「つ」と「く」の文字を身に付けることは、つまり「文字の身に付け方」も一緒に習得するのである。だから、だんだん上手に学べるようになる。終わりの方がスピードが出るのである。グラフに書くと下図のようになる。つまり、学習は、このように蓄積していくまどろっこしい期間と、グーンと加速的に成長する期間に分けられるのである。

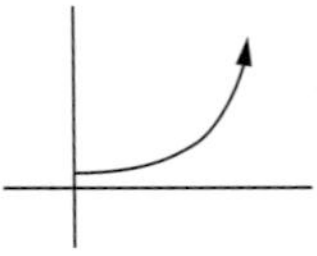

　水泳もそうである。一七、八メートルでもたもたして、練習を続ければある日突然急カーブを描く。突然泳げて、その後はずっ

と泳げるのである。

実は、加速効果が出るまでの目安がある。およそ一〇〇なのである。一七、八メートルを一〇〇回泳げ、そうすれば二五メートル泳げる。

和裁では、まず一〇〇枚縫ってみよという。

このように考えてみると、初めの一〇時間で一三文字はつらい。

まして「書く」ことまで入っているのである。

7 さて、この後、「あいうえお、かきくけこ」を二時間やって、「しりとり」に入る。
そして、「はるのあめ」という物語に入るのである。

ここではすでに、「物語」を教えることが始まる。

「物語」を教えつつ、一四文字を教える。これが一〇時間。そして、二時間で「がぎぐげご」などの濁音を教える。

続けて、説明文があり一一文字の「ひらがな」を教える。さらに「た」という過去形を教え、「を」(くっつきのを)を教え、「も」も教える。読点「、」を教えて、「ひかって」の促音を教える。「ほそい」「ちいさな」の反対語にもふれて「きらきら」などの擬態語もやる。整理すると、一一文字のひらがな、過去形の「た」、くっつきの「を」、並列の「も」、読点「、」、「ひかって」の促音、「ほそい」「ちいさな」の反対語、「きらきら」の擬態語。これらすべての学習に何時間かけるかというと、六時間である。

●このあと、「あいうえお」の歌を勉強すると、「ひらがなの五十音」は、読み書きができることになっている。

時期は、五月中旬である。この後は、作文が入るのである。「すごい」と言わざるを得ない。

私の国話の授業を、学年通信から再録してみる。

《あのね》くっつきの「を」の指導　一九八三・五・三一

〈国語①〉

とりあえず書いておかないと忘れてしまうことがある。大切なことを、取りこぼしているみたいな気もするので、今日はもう一つ追加する。

五月一一日、横浜国立大学の井関先生と四人の学生が授業参観に見えた。私は次のような授業をした。

1子供たちにタオルを見せて、何かを言わせた。そして黒板に「たおる」と書いた。次に、給食用のバケツを教卓に置いて、手を入れてみせた。水が下に落ちた。「あっ、水が入っている」と子供たちは言った。タオルをバケツの中に入れた、「何をしたのか」と聞くと「いれた」という。

そこで次のように書いた(ア)。

子供たちは、これは変だという。「たおるをいれた」となるというのである。そこで私は「を」の字を、画用紙に書いた。「ｗｏ」と読むことを教えた。

「たおるをいれた、となればいいのですね」と念を押して、「を」の字の書いてある画用紙を貼り付けた(イ)。

私は正確に読んだ。「たおる」と読んで一息入れた。そして「をいれた」と一気に読んだ。

子供たちは、ゲラゲラと笑った。そして口々に「おかしい」と言う。「たおるを」で区切って「いれた」と読むのだという。

私は、何回か言わせてみた。そして、〈を〉のカードを「たおる」にくっ付けた(ウ)。

「このように、〈を〉は、たおるにくっ付くのですね。この〈を〉のことをくっつき

［1］

ア
たおる
いれた

イ
たおる
［を］いれた

ウ
たおる［を］
いれた

［2］

エ
ほん
よん・

オ
ほん
［を］よん・

カ
ほん［を］
よん・

［3］

キ
おか
［の］うえ

の〈を〉と言います」と教えた。

［2］次に「ほん」「よんだ」を書いた。

「だ」は習ってないので「・」である(エ)。

そして私は、〈を〉のカードを持って、黒板の前に立った。「ほんをよんだ」と子供たちが言っているのを制して、「これも〈を〉を付けるんだよね」と言って、ゆっくりと黒板に貼り付けた(オ)。

子供たちは、一斉に「ちがっている」とさけんだ。五、六人の子がドドーと黒板に押しかけてきた。興奮している子もいて、「先生は何でこんなことがわからないの」と私のことを叱りつけていた。

子供たちは、訂正してしまった(カ)。

正しい読み方を何回か言わせた。

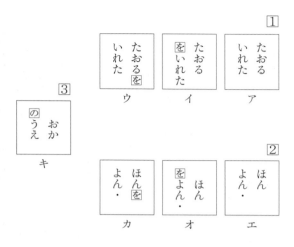

3次に「一番初めに勉強した文もそうなんだよ」と言って、「おか」と「うえ」を書いた。

子供たちは「おかのうえ」と言った。私はまた、ゆっくりと「のうえ」とした（キ）。

子供たちはさらに熱狂して「先生、どうして分からないの」と叫び、何人かがドドー

と押し寄せてきた。子供たちは、また、黒板を訂正した。

4私は、もう一度「はるのあめ」でも同じことをくり返した。

またまた、「これが先生かと思うといやになっちゃうよ」と言われ、「先生本当は、

わざとまちがえているんでしょう」とドキッとするようなことを言われた。そして

またドドーと押し寄せてきて訂正してしまった。

私は正しい言い方を何回か言わせ、「これも、くっつきですよ。くっつきの〈の〉

というのですよ」と教えた。

《あのね》句読点を教える　一九八三・五・三一

国語②

5これだけではまだまだ不安である。

私はさらに念を押した。「今度はたてに書いてみるよ」と言って「はるのあめ」

とたてに一行で書いたのである(ク)。

もう子供たちは、ほとんどコーフン状態である。

「先生、大学の先生に教えてもらったら」とか「校長先生に言っちゃうよ」とか私につめより、またまた訂正してしまった。

6 だが、これだけではまだだめである。
正しい書き方を黒板に書いてから、「みんなもノートに正しく書いてごらんなさい」と言って書かせたのである。

書けた子から一人一人持ってこさせた。全員分を、一人一人見たわけである。

これだけやっても、「全く正しい」という子は三分の二である。

「はるのあめ」と続けて書いてあって、字あけを意識していない子もいた。また「はる　のあめ」と書いてきた子が二人いた。この二人に共通のことといえば、「線を書くとき力が入っていない」ということ、つまり「運筆」の技能が未発達ということであった。

7 さて次に、「はるの　あめ」の読み方を練習させることにした。
教科書には、次の文があった(ケ)。これを何人かの子に読ませた。ちがいのある二人を取り上げた。NさんとO君である。

私は両方の読み方を何回もやってみせた。

それでも、ちがいが分からない子が多かった。

もう一度、NさんとO君に読ませた。

Nさんは「あめあめはるのあめ」と、ほぼ一気に読んだ。

O君は「あめあめ」と読んで、一息ついて、それから「はるのあめ」と読んだ。どちらがいいと思うか子供たちに聞いてみた。

圧倒的にO式がいいという。四人の大学生に聞いてみた。全員O式がいいという。

私は、「Nさんの方が正しいのです」と言った。

「へんな印(。)がついてますね。まるです。初めて出てきましたね。これは、ここで区切りなさい、ひといきつきなさいという印なのです。」

私は句点「。」を示して続けた。

ク

はるの　あめ。

ケ

あめ　あめ
はるの　あめ。

コ

ふれ　ふれ　あめ。
さくらの　あめ。
きみも　おいでよ。
みんなも　おいで。

「この文には丸はいくつですか」「そう一つですね」「だけど、O君のように読むと丸はいくつになりますか」……「そう二つですね」「だから、ここではNさんの読み方がいいのです。O君とNさんのおかげで、いい勉強ができましたね」。

8本当は、この文は「あめ　あめ。はるのあめ。」となるべきなのであろう。こうした方が文のセンスがよい。だから、多くの人がO式の方がいいと言ったのは当然なのである。

しかし、初めて「句点」が出てくるここでは、やはり「正しい読み方」を意識させなくてはならない。「正確に文が読め、書ける」ことを教えるのは、名文、美文が書けることを教えるより、百倍も千倍も大切なのである。

私は続けて、その次の文を読んでみせた。

例によって途中でまちがえると、「ワァー」とつめ寄られた。

その次のページを開いた子供たちは「ワァー」と大歓声を上げた。何とそこには、丸が四つもあったのである(コ)。

「みんな丸がついている」と口々に言う。

今までは、読んでいても気が付かなかったのである。「あれども見えず」だったのである。「句点」（まる）を学ぶことによって、今まで見えなかったものが見えるようになったのである。これが勉強である。

書き順もまた、大きな問題であった。これも、学年通信を紹介する。

《あのね》字形を教える　一九八三・六・六

〈あいうえお〉

1子供たちの「文字」との出会いは、それぞれに個性的であり、そしてそれぞれに感動的である。

ある子は、「三歳までしゃべったことがない」という。ある子は、「三歳で文字に興味を示した」という。ある子は、「小学校に入って、文字に興味を示した」といい、ある子は「五歳までロンドンにいて日本の文字にあまり触れていない」という。ある子は「お姉ちゃんに対抗して字を書きたがった」という。ある子は、「五歳からお習字にいってそこで文字を習った」といい、ある子は「幼稚園で文字を習ったが、それがいやで登園拒否をしそうだった」という。ある子は、「アメリカに三カ月ほど行って、英会話はほどほどにできる」という。ある子は「幼稚園に行かなかったが、兄から字を習った」という。

ある子は……。

何と様々な言語体験を持ち、何と様々な文字への接し方をしているのであろうか。だからこそ、小学校の初めに、しっかりと筆順、書き方を教えなくてはならないのである。

六月二日の調査によれば、子供たちは、向山先生に習うまで「せ」の字の書き方をまちがっていたという。まちがえていた子は一六人である。「や」の字は一四人がまちがえていた。まちがえていた子の文字別人数は次のとおりである。

あ（八人）か（六人）さ（九人）た（二人）な（一六人）は（八人）ま（一一人）や（一四人）ら（六人）わ（八人）い（九人）き（八人）し（一人）ち（七人）に（三人）ひ（七人）み（六人）り（三人）ん（七人）う（一〇人）く（四人）す（六人）つ（七人）ぬ（八人）ふ（一三人）む（八人）ゆ（九人）る（二人）え（一〇人）け（一二人）せ（一六人）て（四人）ね（六人）へ（六人）め（七人）れ（一一人）お（八人）こ（四人）そ（一二人）と（六人）の（三人）ほ（一二人）も（一一人）よ（七人）ろ（五人）

ちなみに、全部正しかったと言った子は五人である。ただし本人の主張であって私が確認したわけではない。

②書き順のまちがい方も多様で、個性的で、感動的である。

「先生がちゃんと教えてくれたから分かった」と子供は言う。ぞくぞくするほど嬉しいことである。

「おけいこ帳」を使って練習する。まず大きな色付きの文字をなぞるようになっている。次にうすい四文字があって、それをなぞることになる。その次はマスだけが四つあって、そこに書く。つまり一文字を習うのに九回書くことになる。できると私の所に持ってきて、丸をもらう。

「ゆ」の場合、「できました」と最初に来たのは二分後であった。しかしクラスの大半ができるまでに四分、全員ができるまでに一〇分である。

これは文字によってもちがって「み」の場合は、五分で全員が終わった。ただし、これは五月下旬の調査である。四月は、もっともっとかかっていた。

つまり、一日で、四文字ぐらいで精いっぱいなのである。これに、練習を入れたり、文の使われ方を教えるともっとかかる。私のクラスではひらがなをまちがえずに書けるようになるのに五月いっぱいかかった。だが、基本中の基本なので、じっくり時間をかけてでもやるべき大切なことなのである。一字一字、ていねいに、しっかりと教えなくてはならないのである。

筆順のまちがえ方の例

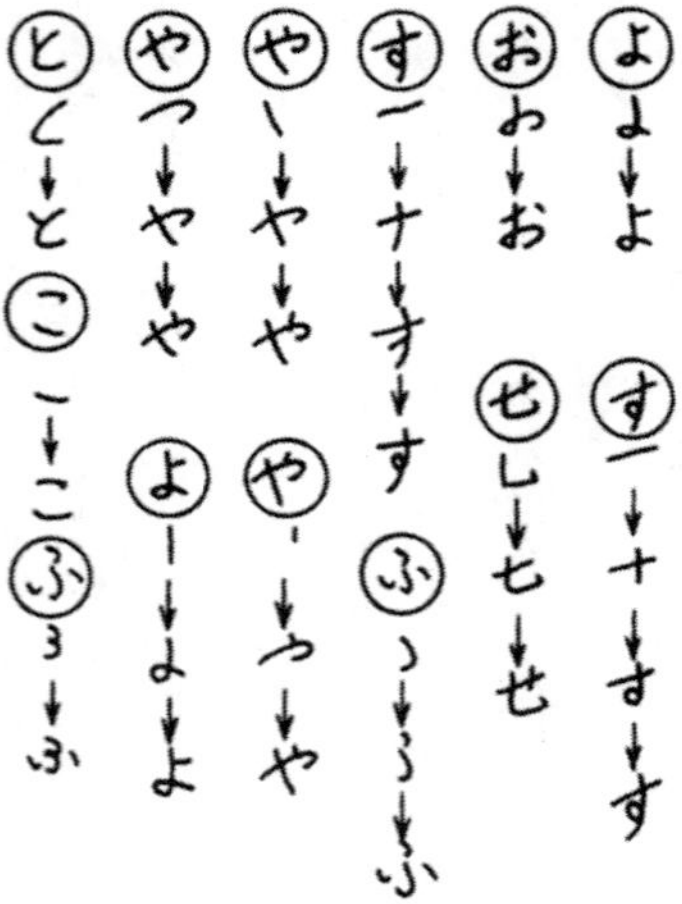

「ゆ」が全員かける
までにかかった時間

二分……二人
三分……一〇人
四分……二〇人
五分……三〇人
六分……三三人
七分……三四人
一〇分……三五人

〈小学校の授業の始発点　十までの数を数える〉子どもと教育（五七号）

1　私は一年生を初めて担任した。今まで教えてきた一つ一つのことが、「それはなぜ必要なのか」と考えさせられている。原理にまで戻って考えざるを得ないのである。たとえば、小学校の一年生は、今までに何を習ったことを前提としているのかなどが分からないのである。

○歳から六歳までに何を習得しておくことが必要なのか？　それとも、何も習得しなくてもいいのか？　何もしなくてよいなら、なぜ○歳から小学校教育を始めないのか？「いや○歳では無理だ。六歳ぐらいまでは必要ないだろう」というのなら、○歳と六歳ではどこがどのようにちがうことが期待されているのか？

私が調べた範囲では、ここらあたりがほとんどあいまいである。というより、「ない」に等しい。いくつかの「説」はあった。しかし「説」と「説」がぶつかって「論」にまでなっているのはほとんどなかった。だから私は、「何を前提として、何から始めるのか」という点が定められなくて大変困った。

2　算数セットの中から「数え棒」を一〇本取り出して、算数の授業をした。私が言う

様々な数え棒の置き方

数を、取り出すのである。「五本、二本、九本……」これだけなら授業ではない。お母さんが、「うちの子は数が分かるわ」と喜んでいるのと同じレベルである。プロは、ここから出発するのである。六本、七本などと言っていると、数え棒の置き方が変化してくる。私のクラスでは七種になった。

つまり、一〇までの数を分解しだしたのである。分解したものを合成して「六本、七本」を取り出すのである。この方が、ずっと早くできるのだ。子供たちは、面白がって勉強している。このように、「具体物」を通して、数に十分親しませるのである。その上で、足し算に入るのである。つまり、足し算が理解できるためには、それに先立つ具体的な体験が必要なのである。

3 国語の授業で言葉を教えた。「うま、つくし……」などである。いっぱい言わせた後に、手を打ちながらやらせた。たとえば、うまは二回、つくしは三回手をたたくのである。これは言葉の音節を意識させるためである。二回手をたたく言葉、三回手をたたく言葉をいっぱい出させた後、五回手をたたく言葉に入った。

ある子が「ちゅうりっぷ」と出した。ところがY君がこれは「ちゅう・りっ・ぷ」の三回だと反対した。O君がこれにも反対で「ちゅ・う・りっ・ぷ」の四回だと主張した。D君が「ちゅ・う・りぃ・っ・ぷ」の五回だと反論した。賛成、反対がにぎやかに出された。三回という子が一五人、四回という子が四人、五回という子が一二人であった。同じく「ちんぱんじぃ」が五回か六回かでもめた。

結論は出していない。ここから、「つまる音」、「のばす音」などの勉強が始まるのである。

教育の思想　子どもと教育（五八号）

① 「大塚だより」は、昭和五二年度から現在の形式になりました。それまでは一枚の紙であったのです。
「大塚だより」には綴じる穴が二つ付いています。

そして「大塚だより」は、全児童に配られています。どうして兄弟で二通もの「大塚だより」が配られるのかと、いぶかしく思われている方もいるかもしれません。「大塚だより」は、子供たちの小学校生活の公的な記録なのです。だから、六年間分大切に保管していただきたいと思いますし、一生、持っていてほしいと思っています。六年間の「大塚だより」を製本しますと、一センチ二ミリの厚さになります。子供にとって、かけがえのない小学校生活の記録がそこにはつまっています。

毎月の行事が出ています。運動会の写真もあります。先生方の文も載っています。その時々の大切な教育課題も書かれています。先生方、主事さん方の転任先も出ています。折々の話題も入っています。こうした一冊の記録をどの子にも持ってほしくて、全児童に配布しているのです。もちろん、一家に一枚でも用は足ります。しかし、兄弟はやがて別々に生活するようになります。そんな時にも、どの子も一冊の「大塚だより」を持っていてほしいのです。

ずいぶんと多くの方々が、「大塚だより」を大切に保管され、ファイルしているとのことです。過日、六年間分を製本された方に合本を見せていただきましたが、実に見事な出来栄えでした。いかなる本にもまさる、親からのプレゼントだと思いました。

② 本校の午前中の休み時間は、「一〇分・二〇分・一〇分」となっております。多くの学校は一〇分休みのかわりに五分休みを入れておりますが、本校は一〇分休みを昔から取り入れております。

「五分休み」にするか「一〇分休み」にするかは、少々大げさに言えば「教育の思想」が異なるためです。「五分休み」は、休み時間は授業のための準備の時間という考えなのです。ですからトイレに行くぐらいの時間しかありません。

「一〇分休み」は、休み時間もまた授業時間と同じように教育的価値がある、という考えなのです。ですから、「外へ出て遊ぶ」ということが奨励されます。

どちらがよくてどちらが悪いとは言えません。それぞれに考えがあるのです。ただ本校では、遊び時間もまた大切だと考えて、一〇分の休み時間を入れているわけです。そのために教師には少々きつい時間割となっているのですが、これがよいと考えています。

3 「学校は学校で教えるべきことをきちんと教える」「家庭は家庭で教えるべきことをきちんと教える」。このことは、教育の大切な両輪です。

「自転車は何年生から乗っていいのですか」「どこまで遊びに行っていいのですか」ということを、教師にたずねる方がまれにいます。

このことは、どちらもご家庭で教えることなのです。何百ものご家庭があるのですから、そこには様々な事情が存在します。それを学校で一律に決めることはできません。たしかに子供によっては、無理を言うこともあるでしょう。しかし、それは大切な家庭教育の場でもあるのです。チャンスでもあるのです。よく言ってきかせ、家庭の方針に従わせてほしいと思います。こういう一つ一つの家庭教育の積み重ねが、非行から子供を守っていくのです。夏休みは、大切な家庭教育の機会でもあります。

〈「みんなで決める」ことはすべていいことか〉子どもと教育（五九号）

1 社会科の授業で「学校づくり」をすることになり、ティッシュペーパーの空箱を集めることになった。「調布大塚小学校を作るのには、いくつの空箱がいるかな。一つの教室で一つの箱を使うんだよ」と、私はたずねた。子供たちは、口々に数を言った。まとめてみると次のようになった。

一〇こ……三人　二〇こ……一三人　三〇こ……一七人
四〇こ……三人　五〇こ……一人

「みんなの考えがちがっちゃうね。どうしよう。」

私がこう聞くと、「人数が多いところに決めたらいい」という意見が出た。こういうことになると気がきくK君の意見である。「それがいい」と、たくさんの子が和した。

「全部の教室に行ってみればいいんだよ」と、ロンドン帰りのA君が言った。この子は自分の思ったことを何でも口にする。二つの意見が出て、教室が割れた。

つまるところ「多数決にせよ」という子が多数で二四人、「調査せよ」という子が少数で一一人であった。どうしたらいいのか、私は言わなかった。「とっても大切な問題ですから宿題にします。家の人と話し合ってごらんなさい」と、私はその場をおさめた。かんたんに結論を出すには、もったいないくらい、上質の内容だからである。

② それから三日して算数の時間に「長さくらべ」の授業をした。私は一メートル近い竹の棒二本を十字にして、子供たちに示した。どちらが長いかどうしたら分かるか問うたのである。

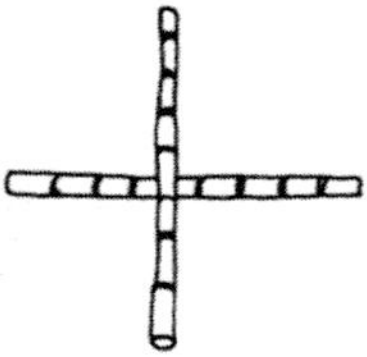

「両方合わせれば分かる」と子供たちは言ったが、「この竹は動かせないんだよ」と説明した。予想させると、たてが長いが八人、横が長いが一二人、同じ長さが一二人であった。「どうしようか」と聞くと、「人数が多い方」と「調べる」という両方が出た。そして、手を挙げさせたら「調べる」という意見が三六人中三五人いたのである。「学問の世界では多数決はなじまない」という原理を一年生は一年生なりに納得したのである。

調べる方法について五とおりの意見が出された。O君が「見て、大体の長さで決めればいい」と言った。私は「なるほど、生活の中ではこうすることが多いな」と思って聞いていた。I君が「短い棒で、数えていって、何本分あるか測ればいい」と言った。指の幅でいくつ分と同じ発想である。T君が、「長いものさしを用意して測ればいい」と言った。S君が「手を広げて、くらべればいい」と発表した。Oさんが「棒を立てて床につけ、自分の背の高さのどこまでくるか調べればいい」と言った。子供たちは「なるほど」と、ものすごく納得していた。

かくして、それぞれの方法で調査することになったのである。

〈人それぞれに〉子どもと教育（六〇号）

1 二月九日、筑波大附属小学校の研究会に出席した。「跳び箱は誰でも跳ばせられる」という研究報告を行うためである。全国から三〇〇〇人もの人々が参加する大きな研究会である。

雑談の折に面白いことを聞いた。兵庫県淡路島の浦小学校の先生の話である。

「大雪が降った時は、大変でした。ところがこの時、兵庫では隣同士の郡で方針がちがったのです。ある郡は、子供たちを部屋に入れて一歩も出さなかったのです。安全を考えてのことです。隣の郡は、一時間目全員を校庭に出して降りしきる雪の中で、雪合戦をさせたのです。」

片方は、安全上の点から管理をし、片方は教育上の点から、体験をさせた。このことが新聞で取り上げられ、安全上から管理した郡は批判をされたという。

調布大塚小学校はこの日、降りしきる雪の中で、雪合戦をさせていた(注：一九八四年一一月、全国紙の教育欄でこのことが取り上げられた)。

② 隣の席にいた青森県の指導主事がそれに付け加えた。

雪国でも、校庭を見れば分かるのだという。あれこれの運動をたっぷりさせているところは、グラウンドは足あと、ソリあとなどで、ぐちゃぐちゃになっているという。つまり、グラウンドが荒れているのである。

ところが、何もさせないところでは、グラウンドはきれいなままなのだという。グラウンドが荒れているところが、子供の運動量が多いところであり、グラウンドがきれいに管理されているところが、子供に何もさせていないところなのだという。どちらが教育にとって大切なのかは、言うまでもない。

青森では、冬になると、鉄棒などできないという。体育館の中の鉄棒をにぎっても、手の平が鉄棒にベッタリとついてしまう。冷蔵庫から氷を出した時のことを思い出せばいい。ドアさえうかつにさわれぬらしい。場所がちがえば、いろいろと苦労があるものだ。

新潟大学附属小学校の先生が、言葉をはさんだ。「それにしても、東京は暖かい」。十数年来の寒波に、東京中が震え上がっていた時のことである。それさえ暖かいという。雪のない時、車で四〇分ほどの通勤時間が、雪の時は片道二時間半にもなる。往復で五時間である。これだけでも、東京の先生方とのハンデは大きいと、彼は強調していた。

③ ことほど左様に、人様々である。いろいろな場所があり、いろいろな人がいる。

一年生を初めて担任して、強く思ったのはこのことだった。

それぞれに異なるのである。それぞれに個性的なのである。

このいとけない子供たちの個性を、私は押し殺してしまわないかと、いつも恐れた。触れれば壊れそうな幼さなのである。

だけど、こんな心配は、余計であった。一年生を担任してからおよそ一年。子供たちはそれぞれに凛々《りり》しく育ち、毎年卒業生を送りながら見た学校の沈丁花を、この年も心静かにながめられそうであった。

第8章

保護者とのかかわり方

1　第一回保護者会

四月一九日、第一回の保護者会をもった。

一時三〇分より三〇分間が全体会、二時より一時間半が各クラス毎の会である。保護者会の案内状に、当日の予定として次のことを書いた。

①　入学後の子供の様子・気が付いたこと
②　「よい子の手帳」の説明・学校のルール
③　入学式の写真の申し込み方法
④　持ち物の名前の記入・持ち物の確認
⑤　校外班の説明、カードの記入方法
⑥　交通安全・映画会などのお知らせ
⑦　自己紹介・ＰＴＡ委員の選出
⑧　一学期の主な行事
⑨　一学期に使用する教材と教材費・支払方法

⑩　その他（道具袋・時間割・給食・上靴等）

保護者会には、全員が出席した。この後一年間、保護者会の出席率は常に九〇数パーセントであった。欠席される方も「欠席届」をちゃんと出されていた。

さて、第一回保護者会のクラスでの進行は。次のようであった。

1　名札作り（各自）。小さい画用紙を四つ折りにした三角柱を作って自分の名前を記入する。

2　保護者の自己紹介（全員）

3　担任の話（子供の様子・気が付いたこと）

4　ＰＴＡ委員選出

5　諸連絡（②〜⑥、⑧〜⑩）

保護者会の時に、歌を歌ったりして会をもり上げる努力もあるらしいが、私はしたことがない。いつも、その場の思い付きで会をすすめる。たとえば「自己紹介」の折も、「入学後のお子さんの様子を簡単に一言付け加えてください」などを思い付く。これが、ほとんどの場合、とても楽しい。

Aさん「八月に引っ越してきたので、時期的に半端なので幼稚園には行かせませんでした。今、お友達ができつつあります。」

Bさん「一人っ子です。学校に入ってしっかりしました。学校ってこんなに楽しいと思わなかったと言っています。」

Cさん「幼稚園の時、行くのをいやがりましたので、学校に入って心配でした。でも、今は毎日張り切って通っています。」

子供の様子が立体的につかめる。さて、先の五つの議事の中で、一番大切なのは諸連絡である。諸連絡は、「いつまでに何をどうする」かを、明確に述べなければならない。明確に、が大切なのである。

教師は「断定する」ことを避ける傾向がある。それはそれで意味のあることなのだが、分かりやすく連絡することまで、あいまいな表現を使う場合が多いので気をつけるポイントである。時には質問が出る。答えられる時は、はっきり答える。しかし、答えられないこともある。そんな時、無理に答えてしまってはいけない。分からないことは分からないままでいい。そういう時の答え方を紹介しよう。

答え方1「その点については、まだ決めておりません。」

しかし、これだけでは、アマチュアのする仕事だ。

答え方2「その点については、まだ決めておりません。近く話し合います。」

この方が、ほんのちょっぴりましだが、「近く」が気に入らない。「今週中に話し合います」ぐらいの明示表現がほしい。

答え方3「その点については、まだ決めておりません。今週中に学年の先生方と相談いたします。」

しかし、これだけでも「分かりやすく連絡する」点からいうと、物足りない。まあ、三〇点ぐらいのできである。

答え方4「その点については、まだ決めておりません。今週中に、学年の先生方と相談します。来週の『学年通信』でお知らせします。」

このくらいはっきり答えてほしい。

私は、何の仕事でも、このようにする。大切なのは、やるべき仕事を一〇〇%やっていくということである。「仕事ができる人間」というのは、このような一見ささいなことを完璧にやれる人のことをいうのだ。こういう人が、案外と少ないのである。

とまれ、第一回の保護者会は、どこか緊張に包まれながらも明るい雰囲気の中で進行した。

2　保護者への要望

私たちは、保護者に対して、「学年通信」をとおしてかなりはっきりと要望を言ってきた。

また、保護者から出されたことに対しても、きちんと答えてきた。

一一〇名近くの保護者がいれば、いろいろな人がいる。すべての人を満足させることができるはずはない。ある人は、「もっと厳しく」と言うし、ある人は、「自然のままがいい」と言う。ある人は、「もっと遊ばせてほしい」と言うし、ある人は、「しっかり教えてほしい」と言う。

それを、教師が、すべて満足させることは不可能だ。だが、大切だと思うことは、それなりに努力しなければならない。また、時には、自分たちの考えをはっきり示すことも必要になる。

次の二通の学年通信は、私が書いたものであるが、一年の担任全員の共通の意志であった。

《あのね》お願いしたきいくつかのこと　一九八三・五・二九

1　集金は決められた日に、係の職員が集めます。

集金日は「学校便り」で予告されております。

ところが、この「集める」ということがなかなか大変なのです。まず、四、五名の子供が忘れます。持ってきても、コインを集金袋に無造作に入れている子がいて、いくらか必ず不足するのです。しかも、袋を出した時には気付かないため、集金した後で、ランドセルを調べさせたり、落ちてないかさがさせたりするのです。

小さな袋にまとめて入れておいてくださいますとありがたいです。

さて、集金日に忘れた子は、未納金処理日に出すことになっています。ところが集金日の次の日に持ってきてしまいますから、その袋を担任が預かることになります。毎日持ち歩いて、処理日に集計して、帳面、袋を整理して、銀行へ預けることになります。

これらのことは、授業中、休み時間など、かなりの時間を必要とします。私としては、三時間の授業をしたくらいの負担がかかります。「あのね」を五号書いたくらいの負担です。ですから「集金事務」の遅れがあると、私は「あのね」の発行をやめようかと思います。

2 持ち物に記名してくださいと、あれほどお願いしました。

私の教室で、ハンカチの落とし物が六枚ありました。そのうち名前が入っていたのは、わずかに二枚です。

残りの四枚を、拾ったその時々に示して、「誰のですか」と聞きます。一年生は自分の物かどうかさえ分からないのです。すべて教室に落ちていたものです。当然、クラスの子の持ち物なのです。けれど、ハンカチ四枚のうち、落とし主が名乗り出たのは一枚です。

子供に聞きながら、イライラしてきます。自分のハンカチさえ分からないのです。名前が入っていないのです。

イライラしますから、授業になごやかさがなくなります。ハンカチだけでなく、次から次へと落とし物があって、しかも名前がないのですから。

③

洋服を自分で脱いだり着たりするというのは、小学校教育の前提です。

体育の時、身体検査の時、給食の時、いろいろな時に必要です。

たまに、「このボタンとめて」と、言ってくる子がいます。私は手伝いません。困ることも必要なのです。困れば、「自分でやってみる」「友達にやってもらう」「次からちがうのを着てくる」などの知恵を出すと思います。

洋服を着るのに時間がかかって、困る時があります。たとえば体育の時、その子ができるまでみんなで待ちます。または、途中で先に行きます。

どちらにしても、本人にはつらいものです。洋服を着脱できるというのは、それほど大切なことなのだとご承知おきいただきたいと思います。自分で着脱できるものを着せていただきたいのです。

[4] 次のようなことができない場合、ご家庭で少し練習させていただきたいと思います。

Ⓐ 曲に合わせての手のリズム打ち(せっせっせ)。

Ⓑ 鉛筆でしっかり線を引くこと。

Ⓒ わら半紙をきちんと四つにたたむこと。

Ⓓ タオル、ぞうきんをしぼること。

Ⓔ 「お水をください」のように最後まで言うこと。

[5] ただ、全体として言えば、いろいろなことをよくやっていただいていると思います。私どもが助かっているところがずいぶんとあります。

けれども、[1]や[2]のようなことが、担任の側にすればどのようなことになるのかということを、知っておいていただくのもよいと思い書かせていただきました。私どもも、ご迷惑をおかけする時もあると思います。その時は、教えてください。

《あのね》教師への要望とお答え　一九八三・七・五

1　各学級で、お茶などを飲みながらの懇談会がもたれたようです。一年生の保護者同士の結び付きがますます深まり、担任一同も喜んでいます。どこのクラスも大勢の出席があったようです。さて、本日、各学級の代表さんの連名で次のお便りをいただきました。私どもに対する要望も含まれているので、お答えすることにします。

〈懇談会での声〉

どこのご家庭でも、「あのね」をとても楽しみに読んでいらっしゃるようです。『あのね』について一言」とお聞きしたのですが、必ず感謝の言葉が入っていました。先生方にとりましては、期待が大きすぎてご負担かと存じますが、ご無理のない程度にと思います(でも、とにかく、楽しみなのです)。また、その他に左記のお願いがありましたので、一応お知らせ致します。

① 集金の金額を目立つようにしてほしい。

② 行事予定は通常の学年通信と別にしてほしい。

③　父親参観をしてほしい（土曜日にでも）。
④　花丸をつけてほしい（親が子供の時と比べて少ないようです）。
⑤　学年だけでなく、クラス毎にも出してほしい。

各クラス、よい雰囲気で進行しています。これからもよろしくお願いします。

2　担任三人で簡単な検討を加えたので、私が代表して答えます。

①について……集金の額は目立つように書いているつもりです。ただ、たくさんの「学年通信」が出されているので、目立たないということはありえます。目立つためには、「学年通信」の発行数を減少することが考えられます。

②について……行事予定の日時については、学校便りに出しております。学習進度等の便宜を考えて、一週間分まとめて出すようにしております。これ以上の便宜は図りかねます。ただし、「学年通信」を月に一回発行して、行事予定、集金などのみを知らせるという形になら変更できます。

③について……「父親参観日」という形にはできませんが（土曜日が休みでない方もおられます）、土曜日の参観については、積極的に考えたいと思います。

④について……花丸は、児童の活動をほめるための一つの方法です。ほめ方はいろい

ろあります。これは教師によってもちがいます。

このような「教育の技術」への安易な発言は、保護者としてつつしむべきことであると考えます。「花丸をつけるべきだ」ということがそれほど大切だというのであれば、みんなで考え合う場を作る用意はあります。

⑤について……学年通信の他に学級通信も出してほしいというのなら、その要求のすごさに呆然となります。
私どもが学年通信を発行するために、どれだけの労力を払っているか全くお分かりになっていない気がします。学級通信を出す時は、このような学年通信は廃止いたします。

(なお、学級毎の父母通信を発行されることを、ぜひおすすめします。)


このように、教師への要望とそれへの対応などに学年通信が使われるということは、現在ではまずありえないかもしれない。今なら、教室などで双方での話し合いという形となるだろう。互いに腹を割って話し合うことは大切だが、担任として言うべきことは上品に伝えることが必要である。

3　家庭訪問

家庭訪問は、五月下旬から六月上旬にかけて行った。調布大塚小学校にきて一〇年、番地を見れば大体見当がつく。

地域毎に何軒かずつ訪問予定を作り、プリントを配布した。

〈家庭訪問のお知らせ〉一九八三・五・二六　　　一の三　向山洋一

来週から、家庭訪問週間で、全部のご家庭にうかがいます。

家庭訪問は、行く方も大変、来られる方も迷惑というようなところがあるのですが、それに代えがたい教育的価値も大きく、どこの学校でもやっているわけです。

私としては、子供をもっと理解したい。育った環境に触れてみたい、というのが第一で、その折に、気が付いたところを話してみたい、というのが第二です。

それ以外にも、何かあったとき、送り届ける道順を知っておきたい、保護者のかたからの訴えも聞いておきたい、ということもあります。

私の家でも、先日保育園の先生の家庭訪問がありまして、亭主の客にはさして気にかけないかみさんが、娘の先生をお迎えするとあって、大さわぎでそうじをしていました。

ここらへんのところが、大変なところなのでしょうが、そんなことまでされなくても、玄関先のお話で十分です。どのようにでも応じられますのでお気遣いないように……。一軒あたりの訪問時間が、五分からせいぜい一〇分程度なので、お部屋に通されて、ていねいに挨拶されて、「お茶をどうぞ」となりますと、次の瞬間には「では、おじゃましました、サヨウナラ」という具合になってしまいます。

お茶の方も難物で、ある家で手を付けて、ある家で手を付けないというわけにもいかず、若い頃は、いちいちお茶だけはいただいていましたが、後半の方になると「ところでトイレをお借りしたいのですが……」と、締まらないことおびただしくなってしまいました。

それからは、一口だけいただいたのですが、これも「あの先生はもったいない飲み方をする」と思われないだろうか、「うちのお茶だから口に合わなかったのかしら」と心配されないだろうかと、後悔することおびただしく、一年で止めてしまいました。

それからは、「一切茶菓を出さないでください」とお願いしたのですが、暑い中の家庭訪問で、途中でノドはからからになるし、しかもお願いにもかかわらず三分の二くらいの家では、そんな時に限って、冷たいサイダーなどが出て、飲むに飲めずつらい目にあいました。
それから後は、結局、自然でいこう、とこうなったわけです。
おうかがいする方にも、気配りというか、気がかりというか、そんなところもあるという一席でした。

学区域には社宅住まいが多かった。それだけが特徴的であって、後は普通の学区域である。

一軒あたり一〇分程度おじゃまをして話をする。学校での様子を話し、家でのことを聞く。時々、個人的な事情についても話をされる。

私の方から立ち入って聞くこともある。学校で見て特に気になることをだ。小さい時の子育ての様子、現在の考えなどである。ほとんどは、それによって理解できる。

家庭訪問をして、子供の姿が立体的につかめるようになってくる。近所の子供の配置もしっかりと頭に入ってくる。これが、後々、役に立つ。

第9章

一人一人への配慮を具体的に

1　休んだ子へ

三、四日病気で欠席した時は、家庭に電話をかけるようにしている。子供も大体直りかけのころだ。電話口に子供にも出てもらう。低学年の子は、電話口であまりしゃべらない。私も一言、二言話して電話を切る。これだけのことでも子供は嬉しいらしい。休んでいた心配がうすらぐらしい。

一週間も休むと、私のメッセージを届ける。ある母親は、次の便りを後日くれた。

A男の母

七月九日

昨日子供に先生へお手紙を持たせたのですが、お渡しするのを忘れてしまったらしく持ち帰ってしまいましたので再度書くことに致しました。

先日はメッセージを有難うぞんじました。T君が届けて下さった時、息子はまだ三九度の熱を出し床に臥せっておりました。私が先生からお手紙よと読んできかせますと、熱のある赤い顔でそれでも「ちゃんと机の中にしまっておいてね！」と言って喜んでおりました。先生にも御心配おかけ致しましたが、一応医師のお許しも出ましたので登校させることにいたしました。
大分お休みしてしまいましたのでお勉強の方もかなり遅れてしまったのではと心配ですが、何分にも心の弱い子供ですので、まずは健康で学校に通ってくれればと思っている次第でございます。つきましては、回復したとはいえ、当分は体の方も大事をとらなくてはいけませんので、プール授業の方は少しの間お休みさせて頂きたいと存じますので、宜しくお願い申し上げます。

一週間以上も休むと、私のメッセージ、クラスの子供たちからの見舞いの手紙を届ける。子供と親から次のような返事が届いたこともあった。

「みんなおげんきですか、ぼくはかぜをひいてかゆいじんましんみたいなものができています。みんなはもうあたらしいこくごのほんののんびりもりのぞうさんをよんでいるんですか。はやくがっこうにいってあそびたいです。みんなとべんきょうしたいです。さようなら」

G男

「一年三組のみなさん、おてがみをありがとうございました。G男くんのおとうさんもおかあさんも、おてがみとってもうれしくよませていただきました。きょうはあさあめがふってぜんこうえんそくダメになってしまったそうでガッカリでしたネ。G男くんはもうねつはないのですが、みんなにうつるバイキンくんがまだからだのなかでしんでないのでもうすこしおやすみします。まいにちくすりをのんでおうちで一人でつまんないつまんないといってあばれています。みなさんもおからだをたいせつにしてください。」

G男の母

休んだ子供に電話するのも、特別なことではない。合間を見て、チョコリと電話するだけのことである。大層なことではない。ただ、教育とは、このような小さな配慮の積み重ねが大切な気がする。

2　ある「いじめ」

一年生でも「いじめ」はある。私は「いじめ」「馬鹿にする」という行為は原則として、どんなささいなことでも見過ごしにはしない。

教師だからいろいろと叱ることはある。いたずらをした子は、そばに呼んで事情を聞き、短く叱る。叱る言葉は一言程度、「もうしてはいけませんよ」くらいである。ケンカをした場合は、両成敗である。日ごろそのことを言ってある。いかなる事情があっても両方を叱る。「先生は、前から、ケンカの時は両方を叱ると言ってきましたね」と言って、片手を出させて、その手をピンとぶつ。

どんなに興奮した状態でも、これで治まる。子供なりに納得する。

ただし、最初に「なぐる」「ける」などの行為をした子は、それ以外にもう一回叱られる。「以上は、ケンカの分です。今度は『最初になぐった』分です」。これで、うまくいくのである。「ケンカ」をした時、最初に「手を出した人間」だけを叱ると、必ずしこりが残る。「ケンカ両成敗」とはいい言葉だ。多くの人たちの知恵なのである。両方を叱った上で、悪い方にもう一言付け加えればよい。これで、両方納得するのである。

一年生は、かわいらしい。どんなヤンチャ坊主でも、私の机のそばに呼びつけると、泣き顔になる。静かに言い聞かせるだけで、ことは解決する。

しかし、他人を馬鹿にした時はちがう。私は「きつい表情」になる。

たとえば「わあ、○○ちゃんテストができないや！」などと、小さい声ではやすことがある。どんなに小さい声でも、それをのがさない。私は、いきなり結論にもち込む。

「今、できないやなんて馬鹿にした人、誰ですか？　立ちなさい（ここで、教室はシーンとなる）。教室は、勉強できない人のためにあるんです。できない人ができるようになっていく所です。それを馬鹿にするなら、この教室にはいりません。出て行きなさい。」

教室はシーンとなっている。叱られた子は泣き出してしまう。そして言う。「ごめんなさい。もう言いません。」

人間として許せないこと、他の人間の成長のさまたげになること、こういう大切なことのルールを確立するのは、教師の仕事である。いくらコンピューターによる教育が学校教育に入ってこようと、人間が人間を育てるという根幹はとって代わることはできない。

だから教育の仕事はおそろしい。

つまり、「人間を育てるのは人間であるというおそろしさ」と対峙せずには、教育はできないのである。人間として許せないことに鈍感な教師は、教師を辞めた方がいいのだ。だから、自分こそ正しいと信じ切っている人間も教師にふさわしくない。これで本当にいいのだろうか、自分だけで教えてしまっていいのだろうかというおそれをもち続ける人こそ、かろうじて教育の仕事をしていけるのである。

自分が一年から六年まで六年間担任すれば、すばらしい学級ができるなどという教育に対する思い上がった態度をもつ人間は、教育の世界では害毒なのだ。二年間も同じ子を教えていいのだろうか、三年間も教えることになったらどうしよう、他の先生にも教わった方がいいのではないか、と絶えず悩みぬく人間こそ、教師にふさわしい資質をもっているのである。

人間しか人間を育てられない。だからこそ教師の仕事はやりがいがあって、おそろしいことなのである。

一〇月の半ばに、ある母親から便箋三枚の便りをもらった。「うちの子がいじめられている。何とかしていただきたい」という内容であった。その子の「そそう」を、他の子がからかっているという内容であった。最近、一人ぼっちになっているという訴えであった。

この母親の訴えは、心の底までしみ通るような内容だった。ここに紹介したい思いにかられる。でも、それはしてはいけないことだ。どこの誰と分かるようなこの種の文章を、生で出すことはひかえるべきことだ。

この時の私の返事は、次の内容だった。

向山の返事

お便り拝見致しました。さぞ、ご心痛であったことと存じます。

「そそう」のことについて、聞いてみました。

「悪口」を言った子が八名ほどおり、私は、きつく叱りました。その後、子供たちはT君にあやまっていたようです。また、「ものをかくした」ことがある子も、男の子が四名おり、きつくきつく叱っておきました。

ただ、クラス中みんなが、からかったということは、なかったようです。近くの班の子、よく一緒に遊ぶ子のようでした。というのは、T君は「うんち」「おしっこ」などという言葉を、「給食の時」によく使い、友人から「いやだ」といわれていたのです。一学期に二、三度、二学期に二度ほど、私も注意しましたが、今もたまに出るようです。このことと「そそう」のことが、からんだものと思えます。

また、T君は、「しばしば忘れ物」をするのですが、そのような時「物を貸してあげる」「めんどうをみてやっている」子の中に、いたずらした子が多かったようです。

たしかに、子供は、「残酷」ではありますが、しかし同時に「やさしく」もあります。両方の面をもっているといえます。

一学期のころ、T君は「いつも一人」でいましたが、そんなT君を、遊びの中に引き入れてあげたのも、いたずらをした子たちでした。もちろん、だからといって「いたずら」「わるさ」を、そのままにしていいということではありません。ですから、「いたずら」「わるさ」を、私はきつく叱りましたし、許せないことだと思いました。

しかし、このような「いさかい」があって、子供たちは、それぞれに成長していくと思えます。

お母様の手紙の中に「その日からTは一人ぼっちだった」とありますが、実はちがうのです。「入学の時からT君は一人ぼっちだった」のです。それを、多くの子供たちが仲間の中に入れ、その中で、「いさかい」「トラブル」が生じてきたのです。仲間と一緒だからこそ、トラブルも生じるのです。ここのところをご理解いただきたいのです。

そうでないと、子供たちは、T君のそばからそっと離れていって、何のかかわりももたなくなることも考えられます。こうなると、本当の「一人ぼっち」になってしまいます。本当におそろしいのは、誰も相手にしなくなることなのです。

「いじめられた子」をもつ、お母様の気持ちはよく分かります。私も、そんなことのないよう全力をあげます。ただ、子供は、「子供どうしのかかわり」の中でしか成長できないものなのだ、ということも、ご理解いただきたいと思います。再び、何かありましたら、ご遠慮なくお便りをください。

一九八三・一〇・一二　　向山洋一

折り返し、母親から感謝の便りが届けられた。「先生に立腹されると思っていました。しかしこのように配慮のある心のこもったご返事をいただいて安心すると共に、今までの自分を反省しています」。このような内容だった。

実は、この日からこの子は大きな成長をとげていったのである。教師と親が理解し合った時、どれほど大きな教育が可能か、私は驚きと喜びをもって体験した。

3　アタマジラミ発生

一九八四年二月二〇日、二〇分休みのことである。隣のクラスで「アタマジラミ」がいる子が発見された。アタマジラミは、ちょっと見にはフケのように見える。フケがいっぱい付いているように見えるのである。

その子は時々「頭がかゆい」と言っていたらしい。半年ほど前からである。親も変だとは思っていたが、まさか「アタマジラミ」とは思わなかったそうだ。年輩の女の先生が見て「アタマジラミ」だと判断した。戦争直後のころの体験があるから、すぐ分かったのである。担任は「アタマジラミがある」ことを、その子に言うかどうか迷っていた。子供思いの先生なのである。

私は教務主任としてその報告を受けたのであるが、「まず事実を確かめること」、次に「治療方法を知ること」の二点が重要であり、指導方法・配慮はその次であることを告げた。ただちに保健の先生、経験のある年輩の先生に、一年生全員の髪の毛を調査してもらった。一つのクラスで一〇名、一つのクラスで一名の「アタマジラミ」をもつ子が発見された。これは「集団発生」である。然るべき手を、早急に打たなければならない。

ところで、現在の「アタマジラミ」はかつてとちがい、次の二系統が感染経路だと言われる。一つは、家族が仕事で外国へ行った場合で、その国に「アタマジラミ」などが多い時は、家族を介して入ってくる。もう一つは、スイミングスクールを介して入ってくる。つまり、かつては貧乏と不潔のシンボルであった「アタマジラミ」は、今は一種のステータスシンボルめいているのである。

私は教務主任であるが、一年三組の担任でもある。両方の仕事をこなさなければならない。三時間目、クラスには図工専科の先生に行ってもらい、私は次のことをした。

1　教頭に事情を報告して、やるべきことの大綱を説明した。

2　保健の先生に、「学校薬剤師さんにおいでいただきたいこと、治療方法を示していただきたいこと」の連絡を依頼した。

3　同じく保健の先生に校医の先生に報告してもらった。

4　教頭に校長会出席中の校長に連絡をしてもらい、事態の説明と解決方法の了解を得てもらった。

5　保健所に「アタマジラミ」発生の状況を報告し、近隣の発生状況の情報を得た。

6　近隣の学校二校で発生があったとの情報を得たので、一校には「関係文書」の借用に主事さんに行ってもらい、一校には教頭を通して情報を得てもらった。
7　学校薬剤師さんが見えられたので、「アタマジラミ」を確認してもらい、治療方法のレクチャーを受けた。
8　「アタマジラミ」の現物を採集した。シャーレに見本として入れた。

以上のことすべてを三時間目に完了した。そして、続く一〇分休みに緊急に職員会議を開いた。「情報を伝える」「方針を確認する」、この二点が目的である。

私は次の報告と基本方針を説明した。

1　「アタマジラミ」発生の事実の報告。
2　「全校ぐるみ」で根絶することが第一の主要な方針であること。併せて「ヤーイ、アタマジラミだ」などと言わせぬよう、特別の配慮をすること。
3　全家庭に「お知らせ」を配布すること。「お知らせ」では、発生の報告と治療の方法を明示すること。

4　四校時に各クラスで調査をしてただちに教頭に報告をすること。
5　学校薬剤師さんによる治療方法の説明。

職員会議には、特別に学校薬剤師さんにも出席していただき、近隣の学校の発生状況と治療方法をご説明いただいた。これを聞いて、全体の先生方にもやるべきことがはっきりと分かり、ただちに行動は開始された。

四校時目、私は引き続きこの事件の解決に当たった。上級学年にも数クラス「アタマジラミ」の発生が認められた。私は四校時に、全家庭配布の文書を準備した。プリントを四校時終了の一年生に持たせなくてはならない。

学校は、事情が許す限り正確な情報を早く届けるべきである。それが、無用の混乱を防ぐもとであり、学校への信頼を高める基本である。

四校時、あわただしい中で準備したプリントは次の内容である。

保護者各位
昭和五九年二月二〇日　太田区調布大塚小学校長　中島芳之

近隣の学校で、次々に〝アタマジラミ〟の発生がありましたが、本校でも本日、集団発生を確認しました。学校・家庭ともども協力して根絶したいと思います。
以下の内容をお読みいただき、ご協力願います。

1　アタマジラミ
成虫　頭の毛に棲み、血を吸います。灰白色で三ミリ程度。寿命は三週間ほど。
卵　フケと同じみたいです。髪の毛にしっかりと付いており、なかなかとれません。
　白みがかって大きさは〇・五ミリぐらい。孵化するまで約一週間。

2　発見方法
頭の毛をかき分けてみます。特に耳のうしろ、頭のうしろ。

フケと同じようです。フケはすぐとれますが、卵は指でこすったり、しごいたりしてもとれません。

3　治療方法……皮膚科のお医者さんと相談してください。
薬を使って、根絶させます。薬は薬局などで。根治するのにほぼ一週間。学校薬剤師さんから次の二種の薬を紹介されました。
A　スミスリンパウダー　一九〇〇円　B　水銀軟コウ　二五〇〇円
卵のついた毛……全部切り取ります。切った毛は焼却します。

洗髪は毎日します。洗う時は、保護者がブラシなどを使ってゴシゴシ洗います。クシ、タオル、枕カバーなどの共用は避けます。

4　予防方法

(1)　毎日洗髪する。髪のつけ根までよく洗う。

(2)　シラミの点検をよく行う。

(3)　目の細かいクシやブラシでよくすきとる。

(4)　枕カバー、帽子、シーツ、下着のとりかえをひんぱんにする（アイロンかけ、熱湯処理をするといい）。

(5)　頭髪を短くすると大変有効。

(6)　家庭内の清潔、日光消毒をていねいにする。

5　アタマジラミの生活

シラミは一日二回吸血し、毎日五〜八個の卵を生みます。卵は六日〜七日でかえり、幼虫は三回脱皮し、約七日から一六日で成虫になります。二日間吸血しないと死んでしまいます。

根絶するには全家庭のご協力が必要です。よろしくお願い申し上げます。

保護者各位

昭和五九年二月二一日　大田区調布大塚小学校長　中島芳之

お子様の頭髪に〝アタマジラミ〟の発生が認められます。保護者の目で、お確かめいただき、至急、皮膚科医師、薬剤師などの専門家の先生と十分相談して治療されるようお願い申し上げます。

なお〝アタマジラミ〟については、二月二〇日に学校から配布された文書をお読みください。

お手数ですが、どのように治療されたか、担任までお知らせください。

氏名＿＿＿＿＿＿＿＿

一　医者にかかった　　二　薬剤師と相談した　　三　その他（　　　　　）

保護者からの反響は大きかったが動揺はなかった。その日のうちに、髪の毛を短くする、薬を使うなどの処置がとられた。三週間後、ほぼ根絶が認められた。その旨の親への連絡が行われた。近隣の学校では「アタマジラミ」の周期的な発生があったと聞く。根絶したように見えても、どこかに残っているのである。

その後、「春の定期健康診断」「夏のプール前検診」でも異常はなかった。全校を挙げての処置によって、一応根絶したと見ることができたのである。

第10章

児童の活動を生き生きと

学芸会「かにむかし」

一九八三年、私が初めて一年生の担任となった年の学芸会は一一月だった。「かにむかし」を取り上げた。この台本は、次のように始まる。

1　むかし　むかし　そのまたむかし
2　ずっと　むかしのことじゃった
全　ずっと　むかしのことじゃった
3　なみうちよせるいそはまに
4　ひゃくしょうぐらしのかにどんが
5　まずしくまずしくすんどった
全　まずしくまずしくすんどった

（大きなにぎりめしがころがってくる）
親がに　こらあええもんみつけたぞ
6　山の上からみておった
7　赤っつらのさるのやつ
8　かきのたねにぎってとんできた
全　よこっとびにとんできた

全体が、呼びかけ形式であり、その中に芝居が入る構成になっている。また、中に「石うすのうた」「うしのふんのうた」「はちのうた」「親がにのうた」「子がにのうた」などが入っている。この台本も歌も、小方先生の元の同僚が作られたと聞いた。とってもいい台本である。

舞台におよそ六〇人の子供が、子がにの格好をして三列に並んでいる。頭の上にかにのお面をつけ、手には赤い画用紙で作った手がすっぽり入るかにのはさみをはめている。服装は体操服である。これが呼びかけグループであり、その前でお芝居が展開される。子がにの役は一二人、うす、はちなどもそれぞれ九人から一二人という構成である。とにかく、ゾロゾロ出てくることになるが、この動かし方が一つのポイントである。

大変、好評な芝居であった。どのように組み立てたかを振り返ってみる。

(1) 台本をクラスで読み合わせた。

(2) どの役になりたいか決めさせた。

(3) 体育館でオーディションをした（条件は一つ、声がうしろまで届くこと）。

このオーディションが面白かった。ほとんどの子は、子がにを希望した。その段階で、他の役、たとえば「うす」「はち」などにまわれば、無条件でなれたのである。それを何回も説明したが、「とにかくやりたい」一心で、まるで動かない。とうとう、子がには、五〇人の大オーディションになった。

声の大きさを基準に半分落として、残りを動作で決めた。大さわぎで、オーディションは終わったのだが、とってもいい教育の場だったと思っている。ふざけると不合格、声が小さいと不合格、デレデレしていると不合格、恥ずかしがると不合格、何でも不合格になってしまうので子供たちは真剣だった。このオーディションで、芝居は半分できてしまったようなものである。「よびかけ」の役になった子が六〇人いるが、「みんなは子がにの役だよ。そして、最初から最後まで出ているんだ。それに自分だけのセリフもあるんだよ」と言って、納得させた。

(4) うすはうす、はちははちのグループで練習させた。大切なのは、動き方だった。登場の時、歌と共に出てくる。その歌に合わせて、フリを付けたわけである。

(5) 一つ一つのセリフを大切にした。何回もやり直しがされた。子供たちは、たった一言がどれだけ大切なのかを、身にしみて感じたにちがいない。

(6) 舞台での通し練習を何回かやった。こうして出来上がったのであるが、大切なことが一つある。同僚の西川先生はこう言っていた。

「学芸会の練習に取り掛かって、最後まで、私たちの誰も一回も怒鳴らなかったでしょう。私は、初めてよ。小方先生も、向山先生も、静かな声で、あんなに大勢の一年生を動かしていくんだからびっくりしちゃった。」

そうなのである。この練習の中で、私たち教師は一回も怒鳴らなかった。もちろん、途中で、だれたり、ふざけたりする子はいたが、注意すればすぐ中に入ってきた。自分が練習している時にふざける子はいない。ふつうは、他人の練習の時にふざけてしまう。それは、つまらないからだ。

しかし、練習を見ていても楽しいのである。本番より、よっぽど面白い。「一つのセリフ」が言い方でいくつもに変化する。時々ユーモアもある。ドジをやる子がいてドッと笑う。そのドジが取り入れられることもある。

芝居の練習は、「台本どおりにはめこむ」ことだけではなく、一人一人のよいところを引っ張り出す場面でもあるのだ。だから、見ていて楽しいのである。練習が生き生きとしているのである。

こうして当日になった。予想以上の出来だった。子供の感想は次のとおりである。

〈がくげいかい〉　　　　　　　　　　T・S

ぼくはさるをやりたくて、オーディションをうけた。だい一かいめは、ごうかくをしたけれど、だい二かいめは、おちてしまった。でもはじめのことばになってよかった。どきどきしたけれどうまくできたのでよかった。

〈がくげいかい〉　　　　　　　　　　S・Z

きょうは、わたしがまっていた、がくげいかいのひでした。かにむかしを、やるまえ、どきどきしました。かにむかしがおわったら、ほっとしました。へやにもどったら、せんせいが、きのうは、一〇〇てんで、きょうは、二〇〇てんっていいました。うれしかったです。

〈かにむかし〉　　　　　　　　　　A・I

ぼくは、さるのしゅやく。さいしょは、かんたんだと、おもっていたけれど、れんしゅうが、はじまったら、とてもむずかしくて、できないとおもいました。けれども、いっしょうけんめいに、れんしゅうをしているうちに、うまくなってきました。いよいよ「ほんばん」です。ぼくは、こわくなってしまいました。でもだんだんゆうきがわいてきて、「あしたもがんばるぞ」と、おもいました。やだったことは、さるのいしようを、「へぼい」と、ともだちにいわれたことでした。とってもうれしかったことは、せんせいがたに、ほめられたことでした。

親の評判もよかった。寄せられた感想の一部を挙げてみよう。

「久々に、小学校の学芸会を拝見しまして身ぶるいをするほどの感動を覚えました。子供たちが、伸びやかに悠々と大人顔負けの舞台を演じているではありませんか。あの堂々とした姿は私が小学生の頃には、なかったような気がします。あれが現代っ子なのかなと今さらに思いました」。

又、反面、先生方のご苦労が偲ばれました。一年生の演技のかわいいこと本当にほほえましいかぎりでした。今から来年が楽しみです。」　S

「小さい子供たちが、元気よく、本当にかわいらしく演じていて、おかしいやらかわいらしいやら、何となく目のうるむ思いで拝見しました。先生方の御苦労、さぞやと思われました。

後で、子供と話し合うと、親の笑ったところと、生徒の笑ったところが違ったらしく、なぜと聞かれました。親と子では反応も違うものなのですね。親は思い入れが多すぎるせいでしょうか？　ともかく楽しい半日でした。」　O

『かにむかし』途中でだらける事なく最後までとても立派に出来たと思います。

息子は舞台のうしろに並んで短い文章を言うのですが、いつも本を読んだりする時も、もぞもぞとはっきりしないので大丈夫かなと思ってたのですが、大きな声ではっきりうしろまで聞こえたのでホッとしてうれしくなりました。『やっつけろ！　やっつけろ！』という歌が気に入り一一日、一二日と二日間見に行きました。かわいさ第一の一年生がひとまわり大きくなった学芸会でした。」　K

「私が子供の頃の学芸会は、やはり全員参加でしたが裏方の仕事も多く、舞台に出て演技するのはほんの一握りの子だけでした。私は気が小さくて舞台に上がるのは大嫌いでしたがいざ配役が決まり、自分が希望どおり裏方になるとわかるとホッと胸をなでおろしたにもかかわらず、心のどこかにポツンと疎外感のようなものが、いつまでもぬぐい去れずに残っていたものです。出たくない私ですらそんな状態ですから、出たいのに出られなかった子たちの心中は察して余りあるものだったでしょう。又、我が子が舞台に出ないのに他の子の晴れ姿を見に来る親の心境も複雑だったに違いありません。

全員参加で全員が舞台に出る、ということは子にとっても親にとっても、又、先生にとっても一番良い方法だと思います。誰も悩まなくてすみます。かつての私のような出たくない子ですら『全員が出る』のなら出たくないとは思わないでしょう。そして楽しい思い出を全員が平等に分かち合えるのです。素晴らしいことだと思います。

先生方ありがとうございました。本当にご苦労様でした。一年生、とっても上手でしたよ!!」

D
「ご指導ありがとうございました。『かにむかし』では、オーディションの前から自分の好きな役を家で毎日練習していましたが、残念ながら希望の役にはなれなかった様で一日泣き悲しんでおりました。そして先生に『私の気持ちを手紙に書いて』などといって私の膝の上で涙を流しているのです。娘は自分なりに大きな声ではっきりとオーディションを受けたようでしたが、一番人気のある役だっただけに大変な競争率で本当にかわいそうでした。それでも毎日歌を歌ったり、かにの面を頭にかぶったりして練習していました。当日は全校生徒と一緒だったため、後方でしたがいよいよ幕が開いて子がにたちが真赤な面とはさみをつけて行儀良く舞台に立っていた時は胸があつくなりました。」　　　　　　　　　　　　　　　　　　　　　　　　　　　　　　　　　　　　O

「とにかく一年生って素晴らしいなと実感いたしました。あの生き生きと一人一人役に徹する姿から一年生の可能性の偉大さにおどろいたのと、先生方の並々ならぬ御苦労のほどが窺われました。我が子は一〇日間の休みで先生方に御迷惑をかけ不安でしたが、役を頂いた時の顔ったらとても言いつくせないものがありました。セリフは一言二言であるものの、夜中の出来事には責任感のすごさに圧倒され、一生懸命なのが手に取るように分かり、晴れ姿をただただ感激してみてました。本当に有難う存じました。少し表現がオーバーぎみの所がありましたが、それだけ心に残るシーンでした。」　　　　　　N

子供や保護者、そして指導に当たった私たちの誰もが満足し、思い出深い学芸会となった。何かをする時、小さな子供には難しいと大人は決めつけてしまっていないだろうか。小さな子供ゆえに、大きく飛躍できる可能性を信じたいものだ。

第11章

一年生を終える

1　こんなささやかな進歩の連続

体育の時間である。子供は赤白に分かれ、両端から一本の線を走ってきてジャンケンをする。負ければうしろにまわり、勝てばそのまま進む。こんな簡単なゲームでも、一年間ながめてみれば、変化があり発展がある。

(一)単純なゲームにも進歩の芽

ドン・ジャンケンのゲーム

学ぶ意欲が育つには、「勝つか負けるか」「できるかできないか」というはっきりした挑戦目標があることが必要だが、それだけでは十分でない。意識されないほどの、ほんのかすかなささやかな課題を克服した、ほんのかすかなささやかな進歩が、連続してもたらされることも必要である。

教師生活一六年目にして、初めて一年生を担任した。私の股の下を通りぬけるようなチビちゃんたちが相手である。

さっそく「ドン・ジャンケン」のゲームを教えた。校庭に一本の長い線を引く。片端に女の子、反対側に男の子が陣どる。

先頭の子供が線の上を相手めがけて走る。途中でぶつかる。そこで、両手で「ドン」をして「ジャンケン」をする。勝てばそのまま進める。負ければ戻って、自分の陣のうしろにつく。負けたチームは次の子供が走ってくる。またぶつかる。ドンをしてジャンケンをする。こうして、相手の陣まで入ってしまった方が勝ちである。連続して六、七回勝てば相手の陣に突入できる。実に単純なゲームである。だが、一年生の子供たちは、このゲームに熱中する。何度やってもあきないようだ。

最初は、いかにしてジャンケンに勝つかということがテーマとなる。ズルをする子もいる。私は、それを反則にする。ところがそれだけで、一年生だからすぐ涙ぐむ。優しく優しく、それでも反則であることを教える。しばらくすると、ジャンケンは勝つ時もあるし負ける時もあることに気が付く。初めのうちはジャンケンに負けた子をとがめた子もいたが、すぐになくなる。とがめた本人でさえ負けるからだ。負ける時もあれば、勝つ事もあるのだという悟りが子供たちにもたらされる。

次に、できる限り速く走ることがテーマになる。一刻も早く先に行きつくことに目が向く。が、実はこれもまじめにやればあまり差はないものなのだ。自分の番が来ているのによそ見をしている方が大問題となる。

一年生は面白い時でも、ふと、よそ見をする。しかし、このゲームの時は、よそ見は許されない。速く走るよりも、自分の番が来たらいつでもすぐ飛び出せることが必要になる。

ここで新しい問題が生じる。いつ走り出せば一番よいのかだ？　前の子が負けた瞬間に飛び出せばいいのだが、それがなかなか分かりにくい。前の子は背中を向けている。ジャンケンは待つ子には見えない。そこで知恵を働かす子が出てくる。負けた瞬間に手を上に上げるのだ。合図をするわけである。こうすれば、次の子はすぐに飛び出せる。

ドン・ジャンケンはごく単純な遊びだが、それでもこのように、子供たちに意識されないようなところで、進歩・改良が行われる。ここまで、一カ月くらいかかる。

私は何も教えない。一緒に遊ぶだけである。次に、曲線を準備する。曲がりくねった線を作るのである。これだけで、子供たちのやる気は向上する。今度は、曲がりくねった線をうまく走りぬけることがテーマになる。

曲がりくねった線を次々に準備する。直角の線、波形の線、うずまきの線、など思いつくままに線を引く。これがけっこう面白い。こうなると、雨の日の体育は大変だ。ドン・ジャンケンができないからだ。特に梅雨時や台風の時期は工夫がいる。

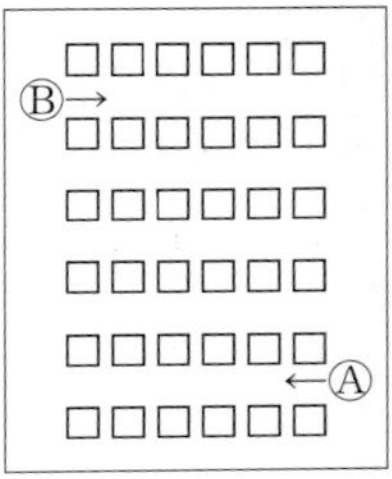

そこで教室の机を配置して道を作る。つまり、隣同士の机を付け合わせるのである。教室には上図のように机が並べられる。A地点から男子が、B地点から女子が、机の間をかけぬけて来る。

これは熱狂的なゲームになる。校庭とはちがった機敏さが必要となる。考えてみればこんなゲームでも、ささやかな課題が連続して生まれるものなのだ。

（2）マス目の線をつかったドン・ジャンケン

二学期、屋上で子供たちと遊んだ。屋上から遠くに富士山が見える。田園調布の住宅街の緑も目に入る。屋上はコンクリートでできていて、三メートルおきに小さな溝がある。つまり、左図のように溝があるのだ。一つのマス目は一辺三メートルほどの正方形である。この線を利用して、ドン・ジャンケンをした。Aに男子、Bに女子が陣どる。私はまん中にいて判定をする。どの線を走ってもいい。隣へ移ってもいい。一ぺんに全員が攻めてもいい。途中で出会えばドン・ジャンケンをする。負けた子は自分の陣地に戻って出直す。勝った子はそのまま進む。一人でも敵陣に入れば勝

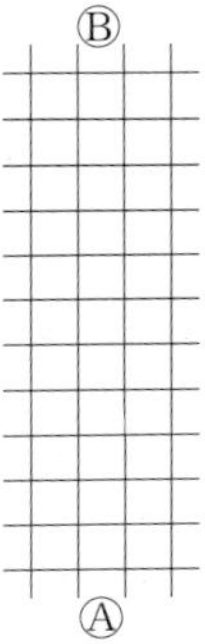

ちである。

勝負がつくと、つまり誰かが敵陣に入ると全員を中央に集める。そこで誰が入ったかを告げ、次の試合を開始する。細かいことだが、ルールやゲームの始めと終わりをこのようにはっきりさせないと面白さは半減する。このゲームの中でも「意識されないほどのほんのかすかなささやかな進歩」が連続して見られる。

今度は四本の線を進めるわけである。しかも他の線への移動は自由自在だ。線の上ならどこへ行ってもいいからである。ところが、初めのころ、子供たちは出発点の道をまっすぐに進んでいた。進路を変更しないのである。これだけならまだいい。敵陣近くになった時に、隣の線の陣には誰もいない場合、線を変えて隣の線から敵陣へ入れば勝ちなのであるにもかかわらず、今まで来た道を変更しないのだ。前の人が、ジャンケンをしているのをじっと待っている。いつまでも待っている。

この状態が何回か続いた。

私は全員を集めて知恵を与えた。場面を再現して「こうやって、隣の方へ入っちゃえば勝ちでしょう。線を変えたっていいんだよ」と教えた。これで安心して、また試合をやったのであるが、何と何と、一向に変化はしなかった。

相変わらず、自分の線をじっと守っている。これには私は呆然とした。きっと「頭で理解したことを身体で表現する」までには時間がかかるのであろう。

しばらくすると、すばしこい子が隣の線へ突入するようになった。男の子の目覚めが早かった。男の子に負け続けた女の子に変化が起きた。今までは「自分の線だけ」を守っていればよかった。今は、それだけでは負けてしまう。何とかしなければならない。「隣の線にも」気を遣うようになった。

どのように気を遣うようになったかというと、自分の線を守っている子が口々に大声で次のようなことを言うようになった。「自分の線は、ちゃんと守りなさいよ！」

ところが、自分たち五人もの大人数で一本の線を守っているのである。

試合が再開されて、また、女の子が負ける。こうなると、これだけではいけないことに気付き始める。

五人の中から分かれて、隣の線に行く子が出てくる。これで人数は平等に配置された。これだけでなかなか負けなくなる。

こんなことの変化に一カ月くらいかかった。

ある日、男の子が三度続けて負けた。男の子の守りの方が弱くなっていた。男の子たちは怒った。燃えに燃えた。そこで一つのスローガンが合い言葉になった。

曰く、**「全員で攻めろ」**。

興奮した男の子たちは全員で押し寄せてきた。女の子の一人二人は、男の子の突進をくぐりぬけて敵陣にすぐ入ってしまった。守る人間が誰もいないのだ。くぐりぬければすぐに勝てる。男の子はますます怒った。合い言葉を口早に次々に確認した。

曰く、**「全員で攻めろ」**。

次の回もすぐに負けた。その次の回もすぐ負けた(別の時も男の子は何度か興奮したが、興奮すると八割ぐらいは負けた)。

ここに至って、男の子たちは「これではいけない」「戦術を変えなくてはいけない」と思ったようだ。ただちに、次のスローガンが決められた。

曰く、**「全員で守れ」**。

私は見ていて笑ってしまったが、子供たちは真剣である。「全員で守れ」とお互いに声をかけ合う姿は、何か凛々《りり》しく見えた。

これも男の子が負けた。時間はかかったが負けたのである。女の子は楽だった。誰も攻めて来ないからである。男の子は負け続けた。

誰かが「合い言葉」に文句をつけた。「一人も攻めてないんだから勝てっこないよ」。今まで鉄の団結の象徴であった「全員で守れ」のスローガンに、初めて文句がついた。「全員で守れ」の言葉が弱々しくなってきた。そこで、次の言葉が飛び出した。

曰く、**「お前は攻めろ」**。

つまり、自分は守る、しかしお前は攻めろ。役割分担が始まったのである。この間の子供たちの進歩はすごいものだった。つまり、初めて「チーム」を意識した。次に「ストラテジー（戦略）」を考えた。次に「スローガン」を採用した。全員がそれに従った。負けると次々に方針を変更していった。これらを全部、自力でやりとげていったのである。おまけに「攻める」「守る」の役割分担が決まったのである。

ここで、男子・女子の勝負は拮抗するようになってきた。しかも、「攻め」も「守り」も高度化してきた。

「攻め」で大切なのは、敵陣の弱いところを見ぬくことである。だが陣型は刻々と変わる。人間が動くからだ。そこで、瞬時に弱いところを判断して、間髪を入れずにそこに攻め込むことが必要となる。

これができる子がポイントゲッターになる。だが、敵陣に弱みができるのは、誰かが他を攻めている時なのだ。ある所が攻められるとそこに注意が集中する。次々と攻められると他が手薄になる。そこを突くといいのである。このように陽動作戦をとる子と、ポイントをあげる子の連係プレーが見られるようになってきた。

守備の原則も見付けられた。「二人で一本の線を守る」ということである。二人なら負けた一人はすぐうしろにまわれる。ずっと連続できる。一人だとジャンケンに負けた瞬間にすぐ終わりである。三人、四人は人数の無駄である。攻撃にまわせばいい。

このように、子供たち自身にさえ意識されないささやかな進歩が次々ともたらされてきた。かくして、一年が経った。今になってみれば、何という進歩だったのだろうと驚く。しかし、様々な場面での、一つ一つのささやかな挑戦課題もまた、この一年で達成されたのである。

2　保護者からの便り

一年生との一年が終わり近くなって、次々と保護者から便りが届いた。

Ｉ男の母

「ほんとうにこの一年間Ｉをみて頂きありがとうございました。保護者会でもお話し致しましたが、こちら側から先生を選ぶことができません。大勢の先生方の中から、プロ中のプロに見事当たり（失礼な言い方でしょうか？）、勉強以外にも知的面、情操面、遊びの面でも大変充実した一年を過ごさせて頂きました。このごろ、心身共にめまぐるしく発達したＩを目の当たりにし、喜びの毎日です。

もしできることなら、六年生まで教えて頂きたく思いますが、それは不可能としてせめて、もう一年はと希望しております。

感謝の気持ちは、この手紙だけではとうてい書き表せませんが、せめて私の出来る事をと思い、次年度は学級代表として一年間やらせて頂きます。初めてのことで分からない点も多くございます。どうぞ宜しくお願い致します。私は二年生を担任なさることを信じているのです！

そして多方面における先生の御活躍を陰ながら応援致しております。」

A子の母

「この一年間本当に有難う存じます。子供は親の姿を見て育つと言われますが不徳のいたす所どうもうまくいかなかった様子。当初先生がおっしゃられたいくつかのきまり、初心にもどり今後も努力したいと存じます。

一人っ子にこだわり自由にのびのび（部分的）させてあげなかった感じがあり、これからは、こまらせることに気を配りたいと考えます。今まで〝先生大好き〟で、この一年間過ごせたこと、大変喜び、又向山先生に受け持って頂き感謝しております。最後に先生からのアドバイスがありましたら、御願いしたいと思い御忙しいとは存じますが時間をさいて頂けたら幸いです、勝手を言って申し訳ありません。

二四日の〇〇の会には出席し、話し合いの場で楽しい一時を持ちたかったのですが、以前からの約束事でどうしてもいけず残念に思っております。これからも先生も御元気で頑張って頂きたいと切に願っております。またお会い出来る日を楽しみにしております。尚〝あのね〟を我が家の宝（オーバーかしら？・）として大事に保管していこうと考えております。文章は苦手で支離滅裂で恐縮します。」

Y子の母

「おかげ様でぶじ一年何事もなくおくることが出来ました。初めてのことばかりでいろいろご迷惑をおかけしたことと思います。どうもありがとうございました。

今後ともどうぞよろしく御指導下さいませ。」

S子の母

「親子で緊張しながら入学式を迎えたことがつい最近のことの様に思われますが、早いもので今日で一年生も最後の日になってしまったのですね。いい先生に出会い、人間としてこれから生きて行く上に必要な教育等々、心温かく御指導いただきまして感謝の気持ちとよろこびでいっぱいです。

一年間本当にありがとうございました。心からお礼を申し上げます。」

保護者から寄せられた言葉を真摯に受け止め、この一年間を振り返った。あんなにかわいい子供たちを私に託してくれただけでなく、一年の終わりに謝辞を贈ってくれた保護者に感謝する。

3　一年生よサヨウナラ

三月も終わりに近付き、一年生のお別れ会を開いた。子供たちが学級会で考えた当日のプログラムは、次のような内容であった。

●プログラム●　　しかい……2人

1　みんなでうたう…おもちゃのチャチャチャ　　しき　1人

2　ゲーム

(1)　ドン・ジャンケン

(2)　いすとりゲーム

(3)　ぶたのしっぽ

(4)　トランプ手品

(5)　スプーンまげ

3　手品　（しかい……2人）

(1)　あやとり手品

⑵　十円三角手品
⑶　トランプ手品
⑷　かえるのうた
⑸　かえるのうた

4　のどじまん（しかい……2人）

⑴　パーマン
⑵　山の子
⑶　はっとりくん
⑷　スイカのめいさんち
⑸　もしもあしたが
⑹　ブンブンブン

5　みんなでハーモニカ

⑴　古い木馬
⑵　キラキラぼし

保護者たちも参観していた。しっとりとして、笑いに包まれたよい会であった。

一年生を担任してみて、人の子の教師であるおそろしさをしみじみと感じた。本当に、こんなに頼りにされていいのかと心配にもなった。

いつか一人立ちしていく子供たちの第一歩を、私は共に歩むことができたのだろうか。それが分かるのは、ずっと後になってからである。今、「よい」と思えることでも、後になって「悪い」と思うようになることもある。子供が成長すれば、当然考え方が変わってくるだろう。

そしてまた、だんだんにこの一年間のことは記憶から遠ざかっていき、ほとんどが忘却の彼方へ置き去られることだろう。どうやって「ひらがな」を教わったのか、どうやって「水に浮ける」ようになったのか、すべて忘れ去るにちがいない。しかし「ひらがな」を書けるという教育の痕跡だけはその子に残っていく。

これでいいのである。これが教育の仕事なのである。

子供はもともと、伸びていく力をもっているのだ。私たち教師は、その伸びる力に、そっと力を添えたにすぎない。「教えてやった」などと、思い上がった考えはもつまい。もともと伸びる力のあった人間を、はげまし続けてきただけなのだ。

二〇年、三〇年と経てば、誰にどう助けられたのかということなど、忘れ去ってしまうのである。これでいい。これがあるべき姿なのである。

私はこのお別れ会当時、四〇歳だった。しかし、若々しい感性だけは失いたくないと思っていた。「すべて分かったような」ベテランの域に達したくはなかったのだ。

今のありように安住して、本も読まず研究もしないような非知性的な教師になりたくない。教師は知的な仕事なのだ。教師はあふれる感性がありながら、子供に対する思いを教えることに変換しなければならない仕事なのだ。

どれだけ、教え子をいとしいと思っても、未練を残してはならない。私たちの教え子は私たちを超えていくのである。超えるに値する人間に、伸びていく子供たちにせめて価値ある力添えができる人間に、そうなることが私たち教師の務めなのである。

プロ教師の修業とは、すぐれた技術を求めることだけではなく、むろんわけの分からぬ感性をひけらかすことだけではなく、「超えるに値する人間」「力添えのできる人間」として子供の前に立ちたいという、果てしなき追究の日々なのである。

解説

保護者を巻き込んで行う、徹底的な指導

東京都公立小学校　関根朋子

向山先生の指導は、教科だけでなく、生活面に至るまで細部に及んでいる。鉛筆の持ち方、音節に合わせた手拍子の打ち方、数え棒の並べ方、ひらがな・漢字の習得状況など、誰が何ができ、どのようにできるのかについて克明に記録し、数値で表している。子供の事実を「科学的」に捉えようとしているのだ。

> リズム打ちのできない子、二名。リズム打ちのあやしい子、三名。(四月一三日音楽の授業)

> (1)ケンパー・ケンパー・ケンパー　(2)ケンパー・ケンケンパー・ケンパー
> できない子三名。不完全二名。できない子三名は、行進の時、曲に足があわない。
> (四月一三日　体育の授業)

入学式後一週間目の四月一三日に、向山先生はリズム打ちができない子を見付ける。「音

楽に合わせリズムを打つ」＝「拍に乗る力」が身についていないのだ。四月二三日に今度はケンパーでチェックしている。「ケンパー」を行えば、協応動作ができるかどうかがすぐに分かる。「協応動作」＝二つの動作を連結すること、これができれば基本的な運動はできるようになる。

『跳び箱は誰でも跳ばせられる』（明治図書出版、一九八二）の中で向山先生は次のように記している。

> 「助走」と「跳び越し」は異なる運動であり、この二つの運動を連結させる何かがあるのだと気がついた。この運動の連結のことを協応動作ということを私はやがて勉強する。（中略）運動と運動の連結を教える基本は、リズム感のある動きであろうと思った。
>
> 例えば、行進ができない子は、跳び箱は駄目だったのである。

協応動作を身に付けさせるためにも、「拍に乗る力」を身に付けさせていく必要がある。音楽専科の私の場合、一年生の最初の授業から「行進」させる。音楽に合わせて歩けるかを調べるのだ。記録は毎時間残し、誰ができ誰ができないかを確認する。「音楽をよく聞きなさい」、「音楽に合わせて歩きなさい」こう言っただけで改善される子供も多い。

一方、なかなかできるようにならない子供も数名いる。

「H君、歩いてご覧なさい」と言って歩かせ、皆に参照させることも効果がある。

「ぴったりリズムに合っている人は花丸合格だよ」と言って、「一人一人全員」を歩かせることもある。毎時間、変化を付け、楽しく繰り返し練習する。これを三カ月ほど繰り返すと、ようやくどの子も拍に乗って歩けるようになる。

一九八三年五月二九日に発行された学年通信「あのね」で、向山氏は「曲に合わせての手のリズム打ち」（せっせっせ）ができない場合、練習をさせてほしいと保護者に協力を依頼している（依頼は他に、鉛筆でしっかり線を引くことや、紙をきちんと四つにたたむことなど、最後までハッキリ話させることなどがある。）学校での対応だけではすぐに身に付かないこと、しかし、身に付けることが重要である内容については、保護者に依頼してまでも「徹底し」できうる限りの対応をしているのだ。

私は、保護者に「協力」をお願いしたことがなかった。

理由は、学校の範疇でのこと、保護者の手まで煩わせるべきではないと考えていたからだ。しかし、これは大きな過ちであった。

向山氏は前掲『跳び箱は誰でも跳ばせられる』の中で、軽度脳性麻痺児の母親にアドバイスしている。

> 三つの運動が大切かと思います。一つ目は、歩くことです。かかとでリズムがとれていません。（中略）。二つ目は腕の運動です。（中略）はいはいをした遊びのようなものをさせるように考えてみて下さい。三つ目はリズム系の運動です。なわとび、スキップ、けんけん、石けりなど、遊びのなかで……（後略）。

子供の状況を正確に記し、改善策を示し、親が何をしたらよいのかをはっきりと伝える。誰よりも「その子供」をどうにかしたいと思っているのは、保護者だ。「その保護者に意識を持たせ、問題意識を共有すること」で、可能な限り最善の対応ができるようになる。

協応動作や拍に乗る力が身に付けば、友達とお手合わせをしたり、楽器を使って演奏したり、拍を感じて歌ったり指揮したりすることができる。「音楽にぴったりあって気持ちいい、それが楽しい」といった音楽ならではの喜びもわいてくるだろう。

教師が根気強く、「強い決意をもって」取り組ませていくことを学んだ。

一年生が教えてくれた人間のすばらしさ

東京都公立小学校　阿部　梢

教師九年目、小学校一年生を担任した。学年四クラス、その学年主任である。就学児健診。幼稚園・保育園の聞き取り。それらから、発達障害をもつ児童が多いことは、事前に、情報として得ていた。当然、クラス替えも配慮した。しかし、入学した当初から、私が想定する範囲を超えた動きが、数多く見られた。

以下、【入学式】の記録である。

【四月六日（水）入学式】

① 数名座っていられない。椅子の背もたれを手で持ちながら、立つ。
② 壇上に上がった人の方を見ることができない。おしゃべりをする子供がいる。
③ 校長の話。校長が「みなさん、良い姿勢ですね」というようなことを言った。しかし、そこでさっと背筋を伸ばす等した子は数名。半数以上の子が、姿勢を直す気配が全くない。

④　呼名。名前を聞きながら、「え〜！」と馬鹿にするような声。終始おしゃべりを繰り返す子もいる。

もちろん、入学式当日にあったことは、これだけではない。

私は入学式の様子を記録した当初、これは所謂『小一プロブレム』だと考えた。『小一プロブレム』について、様々な文献や情報が出されているが、私はそれらを総合し、以下のとおり定義した。


『小一プロブレム』

小学校に入学したばかりの一年生が、集団行動がとれない、授業中に座っていられない、話を聞くことができないなどの状態が、数カ月継続する状態。


向山洋一氏は、『1年生の授業と学級経営』「第1章　5　心配で寝つかれなかった入学式前夜」の中で、何度も予定を頭の中で描き、次々と展開を想像していたことを書いている。

この場面を読んでいたからこそ、私も入学式を迎える前、時程や自分の行動、児童・保護者に対して話す言葉をノートに書き、明確なイメージをもつことを心がけた。特別支援を要する児童が多いからこそ、なおさらだと考えた。もし、何のイメージもなく入学式に臨んでいたら、特別支援を要する児童に対応できず、後に学級崩壊を引き起こしてもおかしくなかったと思う。

さらに、学年主任として何も手を打たなかったら、確実に学級崩壊、学年崩壊を引き起こすと考えた。そこで、「第3章　入学後一週間のようす」を読み込み、特に黄金の三日間を重点に、教師の指示、子どもの動線等、事細かに計画し、実施した。その結果、三日目には、

① 子どもの静かに集中する時間が長くなった。
② 話を聞くことができる時間が長くなった。
③ 姿勢をすぐに直すことができた。

という三つの変容が見られた。それは他のクラスも同じであった。他の担任から、「出来る子どもたちなんだなと思いました！」と言われたからである。

私はこの子供たちを、持ち上がりで二年間担任した。その間、家庭環境を含む様々な問題に直面した。しかし、『小学一年学級経営　教師であることを畏れつつ』を読み、自分

は何をすべきか考え、行動した結果、『小一プロブレム』にも対応し、子供たちを分析的に見て、対峙することができたと、腹の底から実感できたのである。

さらに、「第2章　ドキュメント・入学式当日―緊張の二五分間」の中に、次の記述がある。

こうして外へ出て、校庭で記念写真を撮った後、私とジャンケンをして勝った子から握手をしてサヨウナラをした。負けたらもう一度、列のうしろに並んでやり直しである。（中略）それをじっと見ていた男の子がいた。腕白坊主のようなたくましい子である。彼がベソをかいている男の子に教えた。「こいつ、パーしか出さないぞ！　チョキを出せ！」なるほど、「これが一年生なのか」と感動を覚えた。率直で、たくましくて、猛々《たけだけ》しくて、そして優しいのである。

向山氏の『小学一年学級経営　教師であることを畏れつつ』の中で、私の一番好きな場面である。一年生なりのたくましさ、そして優しさが、この文章から伝わってくるからだ。

一年生を担任するたくさんの教師の方々に、ぜひ、読んでいただきたい珠玉の本であると思う。

学芸みらい教育新書 ❽
小《しよう》学《がく》一《いち》年《ねん》学《がつ》級《きゆう》経《けい》営《えい》
教《きよう》師《し》であることを畏《おそ》れつつ

2016年1月15日　初版発行

著　者　向《むこう》山《やま》洋《よう》一《いち》
発行者　青木誠一郎

発行所　株式会社学芸みらい社
〒162-0833 東京都新宿区箪笥町31 箪笥町SKビル
電話番号 03-5227-1266
http://gakugeimirai.jp/
E-mail：info@gakugeimirai.jp
印刷所・製本所　藤原印刷株式会社

ブックデザイン・本文組版　エディプレッション（吉久隆志・古川美佐）

落丁・乱丁は弊社宛にお送りください。送料弊社負担でお取替えいたします。

ISBN978-4-908637-00-1 C3237

GAKUGEI
MIRAISHA

授業の新法則化シリーズ（全リスト）

書　名	ISBN コード	本体価格	税込価格
「国語」　～基礎基本編～	978-4-905374-47-3 C3037	1,600 円	1,728 円
「国語」　～1 年生編～	978-4-905374-48-0 C3037	1,600 円	1,728 円
「国語」　～2 年生編～	978-4-905374-49-7 C3037	1,600 円	1,728 円
「国語」　～3 年生編～	978-4-905374-50-3 C3037	1,600 円	1,728 円
「国語」　～4 年生編～	978-4-905374-51-0 C3037	1,600 円	1,728 円
「国語」　～5 年生編～	978-4-905374-52-7 C3037	1,600 円	1,728 円
「国語」　～6 年生編～	978-4-905374-53-4 C3037	1,600 円	1,728 円
「算数」　～1 年生編～	978-4-905374-54-1 C3037	1,600 円	1,728 円
「算数」　～2 年生編～	978-4-905374-55-8 C3037	1,600 円	1,728 円
「算数」　～３年生編～	978-4-905374-56-5 C3037	1,600 円	1,728 円
「算数」　～４年生編～	978-4-905374-57-2 C3037	1,600 円	1,728 円
「算数」　～５年生編～	978-4-905374-58-9 C3037	1,600 円	1,728 円
「算数」　～６年生編～	978-4-905374-59-6 C3037	1,600 円	1,728 円
「理科」　～3・4年生編～	978-4-905374-64-0 C3037	2,200 円	2,376 円
「理科」　～5年生編～	978-4-905374-65-7 C3037	2,200 円	2,376 円
「理科」　～6年生編～	978-4-905374-66-4 C3037	2,200 円	2,376 円
「社会」　～3・4年生編～	978-4-905374-68-8 C3037	1,600 円	1,728 円
「社会」　～5年生編～	978-4-905374-69-5 C3037	1,600 円	1,728 円
「社会」　～6年生編～	978-4-905374-70-1 C3037	1,600 円	1,728 円
「図画美術」　～基礎基本編～	978-4-905374-60-2 C3037	2,200 円	2,376 円
「図画美術」　～題材編～	978-4-905374-61-9 C3037	2,200 円	2,376 円
「体育」　～基礎基本編～	978-4-905374-71-8 C3037	1,600 円	1,728 円
「体育」　～低学年編～	978-4-905374-72-5 C3037	1,600 円	1,728 円
「体育」　～中学年編～	978-4-905374-73-2 C3037	1,600 円	1,728 円
「体育」　～高学年編～	978-4-905374-74-9 C3037	1,600 円	1,728 円
「音楽」	978-4-905374-67-1 C3037	1,600 円	1,728 円
「道徳」	978-4-905374-62-6 C3037	1,600 円	1,728 円
「外国語活動」（英語）	978-4-905374-63-3 C3037	2,500 円	2,700 円

学芸を未来に伝える
学芸みらい社
GAKUGEI MIRAISHA

株式会社 学芸みらい社（担当：横山）
〒162-0833 東京都新宿区箪笥町31 箪笥町SKビル
TEL:03-6265-0109（営業直通） FAX:03-5227-1267
http：//www.gakugeimirai.jp/
E-mail：info@gakugeimirai.jp

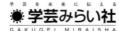